ASTROLOGIA MÍTICA

LIZ GREENE

AUTORA DO BEST-SELLER *OS ASTROS E O AMOR*

ASTROLOGIA MÍTICA

Os Deuses Planetários que Definem os Principais Traços da Nossa Personalidade e os Nossos Relacionamentos

ILUSTRAÇÃO DAS CARTAS
ANTHEA TOORCHEN

TRADUÇÃO
DENISE DE C. ROCHA DELELA

Editora
Pensamento
SÃO PAULO

Título do original: *Mythic Astrology*

Copyright do texto © 1994 Liz Greene.
Copyright das ilustrações das cartas © 1994 Anthea Toorchen.
Copyright da edição brasileira © 2013 Editora Pensamento-Cultrix Ltda.

1ª edição 2013

Publicado mediante acordo com Eddison Sadd Editions.

Todos os direitos reservados. Nenhuma parte desta obra pode ser reproduzida ou usada de qualquer forma ou por qualquer meio, eletrônico ou mecânico, inclusive fotocópias, gravações ou sistema de armazenamento em banco de dados, sem permissão por escrito, exceto nos casos de trechos curtos citados em resenhas críticas ou artigos de revistas.

A Editora Pensamento não se responsabiliza por eventuais mudanças ocorridas nos endereços convencionais ou eletrônicos citados neste livro.

Texto de acordo com as novas regras de ortografia da língua portuguesa.

Este livro não pode ser exportado para Portugal.

Editor: Adilson Silva Ramachandra
Editora de texto: Denise de C. Rocha Delela
Coordenação editorial: Roseli de S. Ferraz
Preparação: Maria Thereza Ornellas
Produção editorial: Indiara Faria Kayo
Assistente de produção editorial: Estela A. Minas
Revisão: Poliana Magalhães Oliveira e Indiara Faria Kayo
Editoração Eletrônica: Join Bureau

Dados Internacionais de Catalogação na Publicação (CIP)
(Câmara Brasileira do Livro, SP, Brasil)

Greene, Liz
  Astrologia mítica: os deuses planetários que definem os principais traços da nossa personalidade e os nossos relacionamentos / Liz Greene; ilustração das cartas Anthea Toorchen; tradução Denise de C. Rocha Delela. – São Paulo: Pensamento, 2013.

  Título original: Mythic Astrology.
  ISBN 978-85-315-1824-9

  1. Astrologia e mitologia I. Toorchen, Anthea. II. Título.

13-01730   CDD-133.5

Índices para catálogo sistemático:
1. Astrologia mítica   1335

Direitos de tradução para o Brasil
adquiridos com exclusividade pela
EDITORA PENSAMENTO-CULTRIX LTDA. que se reserva a
propriedade literária desta tradução.
Rua Dr. Mário Vicente, 368 — 04270-000 — São Paulo, SP
Fone: (11) 2066-9000 — Fax: (11) 2066-9008
E-mail: atendimento@editorapensamento.com.br
http://www.editorapensamento.com.br
Foi feito o depósito legal.

Agradecimentos

A autora gostaria de agradecer a Alois Treindl por seu trabalho inovador na criação das Tabelas de Entrada dos Planetas nos Signos e dos Ascendentes, da edição original em inglês; e principalmente a Brian Hobley por seu incentivo e apoio.

Sumário

INTRODUÇÃO 9

PARTE UM
OS DEUSES PLANETÁRIOS 15

PARTE DOIS
OS QUATRO ELEMENTOS E OS SIGNOS DO ZODÍACO 75

PARTE TRÊS
COMO USAR AS CARTAS 145

PARTE QUATRO
COMBINAÇÕES INDIVIDUAIS 149

PARTE CINCO
RELACIONAMENTOS –
A COMBINAÇÃO DOS SIGNOS 207

PARTE SEIS
O SIGNIFICADO DO TEMPO 219

CONCLUSÃO 227

LEITURAS ADICIONAIS 229

———— ☆ ————

Introdução

Eu sei que sou mortal, a criatura de um dia;
Mas quando exploro o curso sinuoso das estrelas
Não toco mais a Terra com meus pés; fico perto do próprio Zeus,
bebendo meu copo de Ambrosia, o alimento dos deuses.
Ptolomeu, *Antologia Palatina*, séc. II E.C.

Minhas noites são praticamente tomadas pela astrologia;
Faço cálculos astrológicos a fim de encontrar uma pista
Para o cerne da verdade psicológica.
C. G. Jung, numa carta para Sigmund Freud, séc. XX E.C.

A grande antiguidade da astrologia, sua capacidade de se adaptar a visões de mundo variáveis e o extraordinário nível intelectual dos seus praticantes, ao longo dos séculos, continuam sendo um mistério para aqueles que veem como mera crença supersticiosa a ideia de que é possível prever acontecimentos por meio das estrelas. A fim de compreender o poder, a profundidade e a relevância da astrologia para a era moderna, é necessário conhecer um pouco o assunto. Ninguém se atreveria a dizer que aprendeu teoria musical ouvindo uma música popular ou a trilha sonora de uma novela de televisão. Do mesmo modo, a astrologia não revela suas noções àqueles que simplesmente leem a coluna de astrologia dos jornais e depois fazem julgamentos sobre a validade do assunto como um todo. Precisamos começar do início, com a disposição de aprender e experimentar, e com a capacidade de reconhecer que as grandes mentes da história para as quais a astrologia teve uma importância primordial – Hipócrates, Platão, Augusto, Adriano, Ptolomeu, Galeno, Newton, Goethe e Jung, para nomear só alguns – podem ter compreendido algo que escapou das nossas atuais definições de realidade.

As raízes da astrologia têm origem numa visão de mundo antiga que percebia o universo como um organismo vivo único, animado pela ordem e pela inteligência divinas. Essa visão de mundo está adquirindo hoje uma credibilidade renovada graças a pesquisas na área da física quântica e da psicologia profunda, que descobriram novos termos para definir verdades antigas. A precisão e a geometria dos movimentos celestes pareciam, às mentes da antiguidade, refletir a natureza e as intenções ocultas da divindade. Ao longo das eras, as previsões representaram a dimensão mais conhecida (embora, talvez, não a mais importante) da astrologia. Mas a astrologia profética não surgiu da ideia simplista de que os planetas nos levam a agir de determinadas maneiras. Ela foi resultado da noção mais profunda segundo a qual, se os céus refletem os processos inteligentes de uma vida cósmica unificada, nossas próprias vidas – como parte desse todo maior – também participarão de seus ritmos e ciclos. O estudo da astrologia é o estudo das qualidades do tempo. Em outras palavras, a astrologia descreve princípios arquetípicos e as maneiras pelas quais esses princípios são expressos na nossa vida diária. Essa visão de mundo extremamente sofisticada, formulada originalmente pela filosofia antiga, precede todos os variados usos e abusos sofridos pela astrologia em sua longa jornada desde a Suméria e a Babilônia até os dias de hoje.

Desde os primórdios da história, a astrologia e os mitos estão interligados, e suas imagens se entrelaçaram na literatura, nas artes e na arquitetura babilônicas, egípcias, greco-romanas, medievais e renascentistas. No entanto, elas não são artefatos meramente curiosos que refletem sistemas de crença extintos, relevantes apenas para o historiador. De maneiras diferentes, tanto a astrologia quanto os mitos oferecem um retrato simbólico dos padrões humanos universais. A mitologia apresenta esses padrões na forma de histórias; a astrologia os apresenta na forma de um mapeamento ordenado dos ciclos e das relações dos astros. Na época em que a astrologia assumiu o seu lugar como a ciência universal do mundo antigo, os mitos eram compreendidos como meios de penetrar o cerne do simbolismo astrológico, e a astrologia era vista como um meio de penetrar o cerne da vida. Os mitos são retratos psicológicos que descrevem as necessidades e os impulsos humanos básicos. A astrologia, expressa por meio de imagens míticas, é um sistema psicológico de seis mil anos de idade – o mais antigo e, no entanto, o mais sofisticado que possuímos.

Este livro e as cartas que o acompanham são uma introdução criativa à astrologia para aqueles que querem alcançar os níveis emocional, intuitivo e intelectual necessários para abordá-la. Por essa razão, os símbolos astrológicos principais – os planetas e os signos – são interpretados no contexto dos antigos mitos, com os quais sempre estiveram associados. As cartas planetárias e zodiacais retratam, por meio de suas cores e paisagens, imagens humanas e animais, os padrões e qualidades energéticas que eles representam na psique humana. Muitas pessoas de imaginação desenvolvida processam informações tanto na forma conceitual quanto pictórica, e podem achar limitante abordar a complexa linguagem astrológica por meio de palavras apenas. Para aqueles que já conhecem os conceitos da astrologia, essas imagens podem transmitir novas revelações. Este livro, portanto, se propõe a ser útil para qualquer leitor, conhecedor ou não da astrologia, que deseje estudar mais a fundo os padrões subjacentes da vida que a astrologia descreve.

A Parte Um apresenta o Sol, a Lua e os planetas como fatores psicológicos presentes no íntimo do indivíduo. Aqueles familiarizados com a astrologia podem se surpreender ao ver que o Ascendente foi incluído nessa seção, já que não se trata de um planeta. Mas esse ponto leste do horóscopo, que marca um signo zodiacal específico que ascende no horizonte na hora do nascimento, é um dos principais traços da personalidade. Como o portal pelo qual devem passar as energias dos planetas ao se expressar no mundo exterior, o Ascendente, como os planetas, é mais bem compreendido como uma força dinâmica na vida, e, portanto, foi incluído nessa seção.

A Parte Dois apresenta os doze signos do zodíaco, agrupados da maneira tradicional, de acordo com um dos quatro elementos – fogo, terra, ar ou água –, ao qual eles pertencem.

A Parte Três explica como usar o site recomendado (www.astro.com), de modo que se possa determinar com precisão em qual signo o Sol, a Lua, o Ascendente e os planetas estavam posicionados no momento do nascimento.

Embora o site indicado forneça gratuitamente um mapa natal completo, as informações contidas neste livro não são suficientes para que o leitor tenha a interpretação de todo o seu horóscopo; para tanto, ele precisará procurar uma escola de astrologia ou encomendar seu mapa a um astrólogo profissional. No entanto, propiciarão conhecimentos básicos para a compreensão astrológica da sua natureza essencial.

A Parte Quatro descreve as combinações de todos os planetas em cada um dos signos. Embora o leitor possa desejar, a princípio, enfocar seus próprios aspectos planetários, o exame de outras combinações pode ajudá-lo a compreender melhor como outras pessoas pensam, sentem e se comportam.

A Parte Cinco analisa as dinâmicas astrológicas do relacionamento por meio das combinações planetárias entre duas pessoas.

A Parte Seis examina o significado de três importantes planetas – Júpiter, Saturno e Urano –, à medida que eles se movem pela carta natal do indivíduo. Essas interpretações são antes psicológicas do que prognósticas; elas descrevem o significado do tempo e como usá-lo da melhor maneira.

A astrologia é um assunto vasto e fascinante. No caso daqueles que não estão acostumados com a sua linguagem, talvez seja melhor abordá-la como um instrumento pelo qual se pode obter uma compreensão melhor e mais profunda de si mesmo e das outras pessoas. A questão controversa do determinismo e do livre-arbítrio ocupou filósofos e pensadores religiosos durante muitos séculos, e a astrologia encontra-se no cerne desse debate. Não existe uma resposta fácil para a pergunta se somos livres ou meros joguetes do destino, pois isso depende de nossas definições de ambos. Mas Novalis, poeta alemão do século XVIII, apontou para um profundo mistério quando escreveu que "O destino e a alma são dois nomes do mesmo princípio". À medida que nos conhecemos verdadeiramente, nossas escolhas serão mais sábias e levarão mais em conta as consequências futuras. O estudo da astrologia oferece revelações notáveis sobre os modos pelos quais inconscientemente criamos, no mundo exterior, o que somos no mundo interior. Embora diferentes pontos de vista religiosos, morais e sociais tenham influenciado as interpretações astrológicas ao longo das eras, a astrologia em si não é sectária nem estabelece juízos de valor; ela afirma o mérito e o potencial único do indivíduo. Qualquer sistema de pensamento que tenha conseguido sobreviver, de maneira praticamente intacta, durante seis milênios de culturas, religiões e definições de realidade diferentes, bem como aos esforços vigorosos, no passado e no presente, para ignorá-

-la ou denegri-la, tem algo profundamente importante para nos ensinar sobre nós mesmos e sobre a vida.

Símbolos planetários			
Planetas	**Símbolos**	**Planetas**	**Símbolos**
Sol	☉	Saturno	♄
Lua	☽	Quíron	⚷
Mercúrio	☿	Urano	♅
Vênus	♀	Netuno	♆
Marte	♂	Plutão	♇
Júpiter	♃	Ascendente	ASC

Regentes planetários*					
Signos	**Símbolos**	**Regentes planetários**	**Signos**	**Símbolos**	**Regentes planetários**
Áries	♈	Marte	Libra	♎	Vênus
Touro	♉	Vênus	Escorpião	♏	Plutão e Marte
Gêmeos	♊	Mercúrio	Sagitário	♐	Júpiter
Câncer	♋	Lua	Capricórnio	♑	Saturno
Leão	♌	Sol	Aquário	♒	Urano e Saturno
Virgem	♍	Mercúrio	Peixes	♓	Netuno e Júpiter

* Um regente planetário é aquele planeta que melhor sintetiza de maneira dinâmica as qualidades do signo.

PARTE UM
OS DEUSES PLANETÁRIOS

O Sol
— ☉ —

O Sol é retratado em todas as mitologias antigas como o doador de vida. Devido à sua evidente ligação com as estações do ano e as fases de semeadura e colheita, os deuses solares míticos uniam-se com a Terra e a fertilizavam num grande ciclo anual. No Egito, a divindade solar era chamada Rá, que surgiu do caos primordial das enchentes do Nilo e com sua força vital fálica gerou todos os outros deuses. Na Babilônia, o grande disco solar do deus Shamash se elevava no céu numa carruagem todas as manhãs, e descia para as profundezas da Terra todas as tardes. O mais complexo de todos os deuses solares é a figura resplandecente e enigmática do Apolo greco-romano. Essa divindade altamente sofisticada pode nos ensinar muita coisa sobre o significado psicológico do Sol no simbolismo astrológico. Responsável

Uma figura etrusca do deus Sol é representada com uma coroa de raios, o protótipo da auréola dourada presente na arte religiosa medieval.

por matar a serpente Píton e por quebrar maldições de família, Apolo simboliza o poder da consciência para nos libertar da servidão dos complexos arraigados e destrutivos do passado. Chamado de Apolo Presciente por causa do seu poder de profecia, o deus também personifica o dom humano da previsão, que nos possibilita ver as consequências futuras das nossas próprias ações. Como doador de conhecimento, ele é uma imagem do poder civilizatório do entendimento humano, e como patrono das artes, reflete nossa capacidade de dotar nossos esforços criativos com luz e vida.

O Sol é o ponto central do nosso mapa astrológico, que reflete a necessidade que cada pessoa tem de se tornar um indivíduo único, com o poder de expressar essa individualidade por meio do esforço criativo. Essa necessidade existe em todas as pessoas, embora infelizmente nem todo mundo esteja disposto a reconhecer sua profunda importância. A luz doadora de vida do Sol é um símbolo do nosso anseio para nos conhecermos e permanecermos leais ao nosso coração. Isso nos permite fazer escolhas com maior lucidez, honestidade e integridade. Sobre a porta do templo de Apolo, em Delfos, estavam gravadas as seguintes palavras: "Conhece a ti mesmo". Essa simples afirmação encerra o significado essencial do Sol na astrologia. A experiência do "eu" como um ser separado, que vale a pena, é absolutamente vital para o sentimento de continuidade, valor e significado de qualquer pessoa na vida. O Sol propicia calor e luz não só no nível biológico, mas nos níveis mais sutis do coração e do espírito. Do Sol depende a convicção de que estamos cumprindo um propósito mais profundo e vivendo uma vida carregada de sentido. Para a pessoa que não vivencia esse senso central de "eu", independente da identificação com a família, a profissão ou a nacionalidade, a vida passa em meio a uma névoa de sonhos não realizados e anseios insatisfeitos. Nosso medo da morte aumenta na proporção direta da falta que sentimos de uma vida vivida plenamente. Se não expressamos o Sol, caminhamos em direção ao futuro olhando por cima do ombro, arrependidos do que não fizemos e de quem não fomos. No mito, Apolo é, portanto, retratado como um deus que tem poder até sobre as próprias Deusas do Destino. Embora o Sol não possa conferir imortalidade física, ele pode engendrar um senso da imortalidade do espírito e o valor de uma vida vivida com honradez e criatividade.

No nível psicológico, a necessidade de nos sentirmos únicos e importantes reflete o anseio do Sol de alcançar a autorrealização. Sempre que tentamos expressar ideias ou imagens criativas – seja por meio de canais artísticos, como a pintura ou a música, ou contribuindo com o nosso estilo ou talento individual para as tarefas comuns do dia a dia –, estamos expressando o Sol. Em alguns indivíduos, a necessidade solar de encontrar um propósito na vida pode tomar a forma de uma busca espiritual ou religiosa. Os valores mais elevados aos quais aspiramos também refletem a luz do Sol, pois são esses valores individuais que sentimos no fundo do nosso ser que nos dão um cerne verdadeiro de moralidade e integridade interiores. Sem esses valores pessoais, temos que emprestar nossa moralidade do consenso coletivo, que, embora muitas vezes seja nobre, também pode estar horrivelmente equivocado (pense no consenso coletivo do Nazismo da década de 1930). O Sol, portanto, reflete nossa consciência individual – não o refinamento superficial da pessoa que faz o bem porque teme agir de outra maneira, mas aquela voz mais profunda que afirma um senso de decência e generosidade mesmo em face da oposição externa ou da frustração interior. Apolo era o mais civilizado dos deuses gregos, o "cavalheiro do Olimpo". Esse atributo mítico era, até pouco tempo, projetado sobre reis, como os receptáculos da luz solar sobre a Terra. O atributo solar da nobreza não vem do sangue ou da classe social, nem de um desejo de assegurar a afeição das outras pessoas por meio do serviço a elas, mas de um amor interior pela verdade, que é a mais profunda expressão do símbolo do Sol.

Muitos indivíduos acham difícil expressar as qualidades únicas descritas pelo Sol do mapa natal. A pressão para se conformar às ideias alheias sobre como se deveria ser pode bloquear parcial ou inteiramente a luz do Sol. A expressão dos valores individuais é, por sua própria natureza, contrária à identificação coletiva instintiva que representa segurança para tantas pessoas. A ousadia de ser quem somos de fato pode apresentar uma ameaça para a nossa família ou para o nosso grupo social ou profissional. Podemos achar que o fato de não agirmos de acordo com as expectativas coletivas faz de nós pessoas egoístas ou ruins. O medo das críticas ou da inveja dos outros também pode ofuscar a luz do Sol. Toda pessoa que luta para expressar sua natureza interior e seus valores verdadeiros cedo ou tarde encontra a oposição daqueles que se ressentem da sua excelência individual. Os deuses solares, na mitologia, precisam invariavelmente combater um monstro ou um dragão, como Apolo faz com a serpente Píton. Esse monstro pode ser compreendido em muitos níveis diferentes, mas um dos seus significados é a batalha individual contra a solidão e o sentimento sombrio de isolamento que inevitavelmente acompanha qualquer esforço criativo verdadeiro. Se o monstro triunfa, resvalamos para a apatia e a depressão. Se o deus solar sai vencedor, podemos enfrentar os desafios da vida com um sentimento de força e autenticidade. O simbolismo do Sol na astrologia é complexo, pois, embora esteja presente em toda carta natal, ele é expresso de maneira totalmente única em cada uma delas. Sejam quais forem nossas aptidões, talentos e condições materiais, é o Sol que inspira em cada um de nós o sentimento de que existe uma razão para estarmos vivos.

─────────── ⊙ ───────────

A carruagem de Apolo atravessa os doze signos do zodíaco durante o curso do ano, como os cocheiros das bigas romanas outrora seguiam o caminho do circo romano, que era projetado com base nesse grande ciclo cósmico. Depois de ter vencido a serpente Píton numa batalha mortal, o deus pode agora honrá-la e se beneficiar da sua sabedoria instintiva por meio do dom da profecia. Refinado, eternamente jovem e acima das paixões comuns, o "cavalheiro do Olimpo" irradia sua luz sobre ricos e pobres, bons e maus igualmente, como o sol irradia seu calor e luz generosamente a todas as coisas vivas sobre a Terra.

─────────── ⊙ ───────────

⊙   O SOL   ⊙

A Lua

A magia da Lua em perpétua mutação nos fascina agora tanto quanto fascinou as civilizações passadas que viam uma divindade notável e misteriosa em suas faces variantes e sua ligação com os ciclos da vida orgânica. Na mitologia, a Lua geralmente é retratada como uma entidade feminina, embora certos povos antigos, como os babilônios, vissem em sua face iluminada um jovem e belo espírito masculino, que simbolizava os fluxos e refluxos da natureza. As divindades lunares presidiam os ciclos dos reinos animal e vegetal, regiam o ciclo menstrual e o nascimento das crianças, e personificavam as forças instintivas do cerne da vida. No Egito, a Lua era representada como Ísis, a deusa da misericórdia e da sabedoria, e a imagem arquetípica da mulher em seu aspecto maternal e erótico. A compaixão de Ísis era considerada um poder tão grande quanto o vigor dos deuses da guerra ou a força procriadora do Sol, e aqueles que precisavam de ajuda recorriam a ela como a mãe de toda vida. Na Grécia, a Lua era reverenciada como a selvagem caçadora Artemis, senhora dos animais, indomável e eternamente virgem, cujo grande templo em Éfeso foi uma das maravilhas do mundo antigo. Em Roma, ela era conhecida como Diana, irmã gêmea do deus solar Apolo e protetora das crianças e dos animais. Sua face mais sinistra, chamada Hécate, simbo-

Em Éfeso, uma abastada cidade da costa da Ásia Menor (hoje, a Turquia), a deusa lunar greco-romana era retratada como a mãe e protetora de toda a natureza, dotada de muitos seios.

lizada pelo lado escuro da Lua, refletia seus poderes de feitiçaria e sua regência sobre o mundo subterrâneo dos mortos, à espera do renascimento. Essas deusas eram reverenciadas principalmente pelas mulheres. Elas personificavam os mistérios femininos da concepção e do nascimento, e os mecanismos mais profundos do Destino, entrelaçando os tecidos do corpo nos subterrâneos do útero.

No nível psicológico, o símbolo da Lua descreve nossa necessidade mais fundamental de calor, segurança e nutrição, tanto física quanto emocional. Na infância, essas necessidades são diretas e prioritárias. Na idade adulta, elas também são importantes, mas são expressas tanto num nível sutil quanto em outros mais evidentes, por meio do anseio de compartilharmos nossos sentimentos e de nos sentirmos protegidos e nutridos pela família e pela comunidade. Expressamos a Lua por meio de qualquer coisa que nos faça sentir seguros e abrigados das tempestades da vida. Também podemos oferecer aos outros o conforto e os cuidados que buscamos para nós mesmos, pois as divindades lunares refletem uma compaixão e receptividade instintivas à dor e ao desamparo. A imagem da maternidade retratada nas figuras míticas das deusas lunares é destituída de sentimento, e às vezes expressa a ferocidade de um animal protegendo seus filhotes. A compaixão lunar não é poética; é uma força implacável da natureza por meio da qual a vida emergente é protegida e preservada. A natureza cíclica das fases da Lua, e sua proximidade com relação à Terra, são, na mitologia, uma imagem da força vital oscilante dentro da Terra e dentro do corpo humano. Nosso sentimento de unidade com a espécie humana e com todas as coisas vivas é refletido pelo símbolo astrológico da Lua. Para sentir contentamento e paz, precisamos sentir nossa participação numa vida mais ampla, assim como a criança pequena precisa se sentir ligada à mãe, que lhe garante a vida.

Em virtude do seu ciclo mensal, a Lua também é um símbolo do tempo; ela reflete a capacidade de nos sentirmos ligados ao passado, receptivos ao presente, relacionados com a vida diária e capazes de interagirmos com as outras pessoas num nível humano e terreno. A necessidade de dar e receber afeição física, a capacidade de apreciar os aromas e texturas das coisas belas, e o prazer que temos com nossos jardins e animais de estimação, todas essas são expressões do domínio aparentemente comum – mas extremamente importante – que a Lua rege. A necessidade lunar de segurança e conforto é expressa pelos indivíduos de várias maneiras diferentes. Para alguns, a ânsia de pertencer a um lugar é amplamente satisfeita pelo sentimento de empatia e contentamento propiciado por uma família amorosa ou por uma comunidade acolhedora. Para outros, o trabalho (especialmente aquele que propicia o contato direto com outras pessoas) pode oferecer uma fonte igualmente válida de segurança emocional e física. Para muitas pessoas, o contato com as montanhas ou um relacionamento com animais e plantas inspiram um sentimento profundo de conexão. E para outras, uma congregação religiosa ou espiritual, ou um grupo que compartilha a mesma ideologia ou filosofia pode propiciar a família maior de que a Lua precisa dentro de todos nós. Embora o Sol da carta natal reflita nossa busca por significado e autorrealização, uma vida sem a luz lunar difusa do relacionamento com o ordinário e costumeiro é enfadonha e destituída de alegria.

Nossa aptidão para expressar a Lua determina nossa capacidade de sentir contentamento. Não importa quantas sejam as nossas realizações na vida; elas nunca satisfarão os anseios da Lua, caso nos separem demais dos outros. Muitas pessoas acham difícil expressar abertamente essas necessidades humanas fundamentais, por isso procuram substitutos sem reconhecer as profundezas do seu isolamento emocional. No nível mais básico, a Lua reflete nossa capacidade de valorizar o bem-estar físico e emocional, e zelar por ele. Às vezes, esse dom inato de cuidar de nós mesmos é bloqueado por experiências na infância que fomentam em nós a crença de que não devemos pedir nada aos outros. Como as necessidades lunares nos tornam vulneráveis e dependentes, podemos negá-las para evitar o risco de nos ferirmos e sermos humilhados. Podemos também tentar evitar a dor expressando nossas necessidades lunares de modo indireto ou manipulador, esforçando-nos para controlar as outras pessoas de modo que não tenhamos a sensação de que estamos à mercê delas. A Lua é um grande nivelador, pois ela nos lembra da nossa identidade com todos os seres humanos na capacidade de sentirmos solidão, fome, dor e medo. Sob a luz suave e unificadora da Lua, a arrogância e a separatividade não têm lugar. A Lua, retratada na mitologia como a guardiã da natureza e do início da vida, não está presente apenas na carta natal das mulheres. Ela aparece na carta de qualquer pessoa e simboliza uma necessidade humana universal. Embora o nível físico da manifestação lunar seja expresso mais vividamente cada vez que uma mulher dá à luz, existem muitos tipos de filhos, não só os biológicos, e muitos tipos de mães, nem todas elas concretas. Chamada de "Luz Menor" nos primórdios da astrologia, a Lua era vista como menor em tamanho, mas não em importância. Como complemento do Sol, a luz da Lua ilumina os sentimentos e necessidades da vida do dia a dia – mas sem nenhum objetivo supremo, visto que a própria vida é seu objetivo.

Artemis, a deusa virgem da Lua, guarda o mistério do coração da natureza, com uma faca em punho como um aviso para aqueles que pensam em invadir seu solo sagrado. No entanto, ela é a protetora de todas as criaturas jovens e indefesas. Seus animais se reúnem em torno dela – a pantera que incorpora sua ferocidade; a corça, que simboliza sua gentileza, e o lobo, que descreve sua solidão e feroz autossuficiência. Quando o caçador Actaeon se deparou com ela se banhando, a deusa o transformou num veado e ele foi destroçado pelos próprios cães. Quando Órion se vangloriou em sua gruta sagrada, ela enviou um escorpião gigante para aferroá-lo até a morte. A natureza possui, portanto, um poder insuspeito de se vingar daqueles que a desonram.

A LUA

Mercúrio
☿

O dom misterioso do pensamento humano motivou o poeta grego Menandro a escrever que o intelecto em todo ser humano era divino. Na mitologia antiga, os poderes da reflexão, da fala e da comunicação são personificados por uma divindade astuta e vivaz que ensinou os seres humanos a escrever, construir, navegar e calcular o curso dos corpos celestes. Esse deus enigmático simboliza não só a nossa capacidade de pensar, mas também a faculdade de planejar e organizar que nos permite nomear e categorizar os vários componentes do caótico mundo natural. No Egito, o deus Thoth, retratado às vezes como uma íbis e outras vezes como um babuíno, era o patrono da ciência e da literatura, da sabedoria e das invenções, o porta-voz dos deuses e o guardião dos registros. Criador do alfabeto e dotado de conhecimento total, Thoth inventou a aritmética, a topografia, a geometria, a astrologia, a medicina, a música e a escrita. Na mitologia nórdica, esse deus indefinível e multifacetado era chamado de Loki, senhor do fogo, e considerado um manipulador incorrigível. Na mitologia germânica ele era conhecido como Wotan, patrono da magia e senhor da caça aos animais selvagens, que sacrificou um dos olhos pelo dom da sabedoria. Na Grécia, ele era personificado como o ardiloso e impenetrável Hermes, senhor dos viajantes e mercadores, patrono dos ladrões e dos mentirosos, guia das almas e mensageiro dos deuses olímpicos. Os ro-

Os egípcios imaginavam o vivaz e erudito deus Thoth como um babuíno, por causa da astúcia, destreza e dom natural desse animal para a imitação.

manos o conheciam como Mercúrio, do qual derivam os nomes tanto do metal quanto do planeta.

No nível psicológico, a multiplicidade desconcertante de papéis atribuídos a Mercúrio reflete as inúmeras funções e capacidades da mente humana. Como patrono dos mercadores e do dinheiro, Mercúrio personifica a troca de mercadorias e serviços que compõe a dimensão prática do intercâmbio humano. Como guia das almas, ele simboliza a capacidade da mente de se introjetar para explorar as profundezas ocultas da psique inconsciente. Nos dois papéis, Mercúrio incorpora o princípio da comunicação – entre seres humanos e entre o indivíduo e o mundo interior, invisível. Como divindade amoral e ardilosa, Mercúrio também podia pregar peças terríveis para os seres humanos, fazendo uma alusão à capacidade notável que temos de enganar a nós mesmos, e seguir o que acreditamos ser "verdade" na mistura desordenada de confusão e autoengano. As imagens míticas associadas ao símbolo astrológico de Mercúrio também descrevem nosso anseio básico de aprendizado. Como somos obrigados a ir à escola a fim de adquirir instrução para progredir na vida, somos muitas vezes incapazes de nos deleitar com o aprendizado em si. Na infância, nossa curiosidade sem limites sobre a vida é um reflexo de Mercúrio. Por que o céu é azul? Como as lagartas viram borboletas? Nossa necessidade de compreender o nome das coisas e como elas são feitas é um dos mais básicos impulsos humanos.

Assim como Mercúrio tem muitas faces mitológicas, a inteligência humana tem muitas formas diferentes e nem todas elas são suficientemente valorizadas pelas instituições acadêmicas. O perspicaz e mundano Mercúrio, que inventou a cunhagem de moedas, reflete uma inteligência prática que mostra seus maiores talentos quando está lidando com fatos e objetos concretos; no entanto, pode não se deixar convencer pelas abstrações. Como guia das almas, Mercúrio retrata uma inteligência intuitiva, que se sente mais à vontade no mundo da imaginação do que no domínio dos números e fatos; embora seja muitas vezes menosprezado, ele reflete introvisões profundas sobre a natureza humana e um dom para expressar verdades interiores por meio de imagens simbólicas. Como mensageiro dos deuses, Mercúrio representa uma inteligência abrangente e rápida, que percebe conexões entre diferentes esferas de conhecimento e diferentes níveis de realidade. Esse tipo de inteligência pode ser indiferente a fatos isolados, mas constrói pontes mentais ao traduzir realidades díspares numa linguagem comum a todos. E como inventor da ciência, Mercúrio retrata a capacidade para a lógica e a formulação de conceitos teóricos. Sempre que buscamos conhecimento, estamos expressando Mercúrio. Mercurial também é nosso anseio para nos comunicarmos, o que é tão fundamental para o ser humano no nível psicológico quanto a respiração no nível físico. A linguagem verbal é só uma dimensão da comunicação. Também compartilhamos nossos pensamentos e sentimentos por meio da linguagem corporal, da expressão facial, de sons inarticulados e da atmosfera emocional. Usamos roupas, carros, maquiagem e sotaques regionais para revelar mais sobre nós mesmos. Nossos dons de comunicação individual também variam. Para alguns, o uso articulado de palavras transmite uma série complexa de ideias. Para outros, as formas artísticas são o meio mais natural de comunicação. Sempre que a arte nos toca, Mercúrio está em ação, traduzindo a visão interior do artista através do tempo e do espaço, para o coração e a mente do leitor, do observador ou do ouvinte.

Muitos indivíduos encontram dificuldade para expressar Mercúrio. A ânsia de aprender pode ser entorpecida na infância por professores que também perderam toda a curiosidade ou têm inveja de mentes mais jovens e promissoras que as suas. As famílias e os grupos sociais podem menosprezar a busca pelo conhecimento, por causa da crença equivocada de que a educação é privilégio das classes sociais mais altas, e não a expressão de uma necessidade humana universal. Nada é tão destrutivo para Mercúrio quanto a recusa dos outros a ouvir; e nada lhe dá mais incentivo do que um pai, professor, parceiro, colega ou amigo receptivo e interessado. No entanto, mesmo que Mercúrio não tenha recebido incentivo no começo da nossa vida, nenhum deus planetário pode ser permanentemente reprimido ou destruído. Sejam quais forem os nossos antecedentes, Mercúrio está vivo e muito bem dentro de cada um de nós; ele pode ser expresso se tivermos a coragem de seguir nossos anseios de aprender e nos comunicar. Na mitologia, esse deus é retratado como um ser eternamente jovem. A mente humana não é limitada pela idade ou pela posição social. Podemos ir para a universidade aos 18 anos ou aos 60, e nenhuma vida é longa demais a ponto de esgotar os campos do conhecimento abertos a todos nós. Nas cidades gregas antigas, uma estátua desse deus era erigida em todos os principais cruzamentos, para ajudar a orientar o viajante em seu caminho. Em cada encruzilhada da vida, também podemos buscar o deus interior das viagens, pois ele pode ser encontrado em toda centelha de curiosidade genuína sobre a vida. Através dos olhos de Mercúrio, a própria vida é uma estrada infindável com uma variedade infinita de coisas fascinantes para se descobrir e aprender.

Mensageiro das divindades olímpicas e guia das almas para o Outro Mundo, o alado deus Mercúrio segura bem alto o caduceu entrelaçado por duas cobras. As serpentes, uma clara e a outra escura, são as guardiãs de toda sabedoria instintiva e dos segredos da vida e da morte. Espirituoso, recatado e enganosamente inocente, o sorriso desse deus pode ser um presságio de um flash súbito de inspiração ou de uma visão tentadora de irremediável ilusão.

MERCÚRIO

Vênus
— ♀ —

Estrela da Manhã e Estrela da Noite, o planeta Vênus sempre foi associado, na mitologia, à deusa da beleza, da alegria e do amor erótico. Talvez a magia deste corpo celeste, que se levanta antes do amanhecer ou reverencia o pôr do sol, evocasse a imagem de uma divindade familiar torturantemente próxima do coração humano, que não tinha vergonha de se mostrar nua aos mortais. Na Babilônia, ela era conhecida como Ishtar, e presidia não só a santidade do casamento e da família, como todos os prazeres dos encontros eróticos ilícitos. No Egito, ela era chamada de Hathor, patrona da dança e dos ritos sexuais orgiásticos, e era retratada também como Bast, a deusa de cabeça de gato, senhora da magia e das artes sexuais. Na Grécia, ela era chamada de Afrodite, uma deusa sutil e complexa, de pele e cabelos dourados, vaidosa e caprichosa, mas condutora indiscutível de toda beleza e de todo prazer. Na arte grega, diferentemente de outras deusas mais modestas, ela era retratada nua, refletindo um apreço despudorado pelo amor sexual. As flores a ela consagradas – a rosa e o lírio – refletem o erotismo da deusa no seu intenso perfume. Seu pássaro, a pomba, era visto como a mais gentil e delicada das criaturas da natureza. Afrodite, no entanto, que os romanos chamavam de Vênus, também podia ser terrível e ameaçadora. Em Esparta,

Imagens como a desta figura babilônica de Ishtar estão entre os artefatos mais antigos e sagrados criados pelos seres humanos para exaltar o poder do amor erótico.

ela era reverenciada como uma deusa da batalha, pois os antigos gregos achavam que o êxtase provocado pelo derramamento de sangue podia, para alguns, ser tão eroticamente excitante quanto o ato sexual em si – como a horripilante sobreposição de guerras e estupros em massa demonstrou ao longo dos séculos. Ao mesmo tempo refinada e primitiva, ela era protetora dos artistas, dos artesãos e das artes do embelezamento cosmético. Também incorporava, porém, as forças do desejo incontrolável, pois afligia mortais desavisados com a loucura da luxúria obsessiva e podia fazer regentes e reinos inteiros caírem nas redes douradas das suas paixões.

No nível psicológico, Vênus reflete nossa ânsia de beleza, prazer e a sensação poderosa e inebriante de ser amado. Essa necessidade de sermos valorizados e dignos de amor nos leva a travar relacionamentos em que a paixão idealizada da outra pessoa reflete de volta para nós a nossa própria beleza e valor inatos. O anseio de ser amado faz parte de toda ligação apaixonada, pois é por meio da admiração das outras pessoas que descobrimos e desenvolvemos aspectos importantes da nossa própria natureza. Adornando-nos e criando beleza no mundo à nossa volta, também preenchemos o desejo venusiano de fazer parte de um universo harmonioso, onde o conflito e a discórdia são vistos como o prelúdio para uma união maior – assim como as brigas dos casais podem levar a uma afeição e uma intimidade maiores. Assim como aqueles que nos amam nos revelam o que gostaríamos de nos tornar, aqueles com quem brigamos nos ajudam a definir o que realmente importa para nós. O símbolo astrológico de Vênus é um reflexo da nossa necessidade de cultivar valores pessoais, visto que expressamos os nossos mais prezados valores nas pessoas e coisas que amamos. A frase latina *de gustibus non disputandum est* – gosto não se discute – descreve elegantemente nossa compreensão instintiva de que, em matéria de amor, o gosto é uma questão extremamente pessoal, em que não existem regras estabelecidas, exceto as ditadas pelo nosso próprio coração, nossa mente e nossos olhos. A necessidade de descobrirmos e expressarmos nossos valores pessoais é um reflexo profundo de quem realmente somos como indivíduos. Até os detalhes aparentemente superficiais da vida, como a escolha do corte de cabelo e da decoração da casa, tornam-se surpreendentemente profundos quando compreendemos que é por meio dessas simples atividades humanas que revelamos nosso senso mais profundo do que é belo e conveniente.

Na mitologia, a deusa Vênus era muitas vezes inimiga do casamento, visto que as paixões que ela engendrava nos seres humanos eram frequentemente ilícitas, compulsivas e arredias aos códigos de moral. Esta deusa maliciosa, no entanto, não era vista como tendo uma natureza malévola ou destrutiva. Sua tendência para provocar crises invariavelmente surgia de situações já existentes de estagnação, em que os valores já estavam corrompidos ou ultrapassados, ou em que os indivíduos envolvidos não tinham moldado de forma apropriada suas próprias identidades. É muitas vezes por meio do sofrimento causado pelo que chamamos de "triângulo eterno" que descobrimos, com suficiente percepção e honestidade, em que aspecto ficamos estagnados e traímos a nós mesmos em favor de um sistema de valores coletivo, para nos sentirmos mais seguros. Por meio desses conflitos também descobrimos o que não desenvolvemos em nós mesmos, pois é no espelho do rival que podemos ter um vislumbre da vida que não vivemos. Vênus reflete uma necessidade fundamental dentro de nós de desafiar as restrições morais e sociais que impomos ao nosso coração pelo bem da segurança e da respeitabilidade, e, em vez disso, nos mergulha em relacionamentos que nos conectam com uma sensação exuberante e apaixonada de vida. O ímpeto venusiano dentro de nós nem sempre é inoportuno, porém, e podemos conseguir descobrir nossos próprios valores dentro de condições que preservem a estabilidade e a continuidade de relacionamentos duradouros. Mas naqueles aos quais Vênus causa dificuldades, sempre existe uma profunda necessidade – embora nem sempre reconhecida – de fazer escolhas reais e afirmar valores verdadeiros, em vez de confiar apenas no simples empréstimo da moralidade convencional como um escudo contra a vida.

A vaidade e a frivolidade são, ambos, atributos da Vênus mítica, que foi muitas vezes retratada na arte antiga admirando seu reflexo num espelho. Estes também são atributos de Vênus dentro de nós mesmos, vistos por muitos como características indesejáveis e "egoístas". Um ambiente de correção política e a firme insistência no dever e no autossacrifício podem refrear, em muitas pessoas, sejam homens ou mulheres, a expressão do espírito alegre e efervescente dessa deusa. Infelizmente, o impulso feminino de se embelezar, refletido por Vênus, também tem sido interpretado em alguns lugares como um desejo de se "vender", uma estratégia adotada por mulheres fracas demais para viver sem a aprovação dos homens. Mas a grande deusa da mitologia não se adorna por nenhuma razão que não seja agradar a si mesma. Ela escolhe seus amantes de acordo com o que lhe dá satisfação, não de acordo com a segurança que eles possam lhe proporcionar. A negação de Vênus dentro de nós nos leva a trilhar o caminho para uma paisagem interior árida e sem alma, composta de construções feias e céus eternamente cinzentos; e nem toda correção ideológica e respeitabilidade social do mundo são capazes de compensar o que perdemos. O impulso de Vênus dentro de nós às vezes pode nos deixar em maus lençóis. Esse impulso, porém, como a própria deusa, é também extremamente enaltecedor e criativo, pois nos conecta com o alegre reconhecimento de que estar vivo, no final das contas, é de fato muito bom.

———————— ♀ ————————

A deusa da beleza e do amor erótico oferece a maçã àqueles que desejam provar a doçura dos prazeres da vida e a amargura das compulsões sexuais incontroláveis. O perfume inebriante dos lírios enfeitiça e confunde os sentidos, mas esta deusa não é simplesmente uma mensageira frívola de delícias sensuais. Por meio dos seus artifícios, as matérias-primas da natureza são transformadas em objetos de graça e beleza, e através do sofrimento que ela inflige em insuspeitos mortais o esquema maior da vida é revelado.

———————— ♀ ————————

♀ **VÊNUS** ♀

Marte
— ♂ —

Nos mitos de todos os povos antigos, os deuses da guerra sempre ocuparam um lugar de honra e destaque. A guerra era personificada por esses deuses ferozes como a gloriosa expressão do espírito de luta humano – eles não eram meramente cruéis e sanguinários, mas também disciplinados, corajosos, honrosos e seguidores de uma causa nobre. Os deuses da guerra da mitologia são quase sempre retratados em combate com um monstro – uma imagem não apenas de um inimigo exterior, mas também da força sombria e bestial que vive em cada ser humano e precisa ser vencida pelo bem da humanidade. Hércules, a quintessência do herói guerreiro greco-romano, combateu a Hidra e o Leão de Nemeia para libertar o povo da destruição. Os deuses da guerra simbolizam não só a luta bruta pela sobrevivência, mas também o instinto de defender os mais fracos e a integridade da alma bem como a vida do corpo. No mito babilônico, o deus da guerra, Marduk, lutou com a mãe, o monstro marinho Tiamat, e esculpiu o céu e a terra a partir do corpo esquartejado dela. No Egito, o espírito de luta era representado não por um deus, mas por uma deusa – Sekhmet, a deusa de cabeça de leão, filha do deus solar Rá e dispensadora da vingança divina. Na mitologia nórdica, o feroz

Os romanos reverenciavam Marte como pai e protetor do seu império e o retratavam como um senhor da guerra maduro e experimentado em roupas completas de batalha.

Thor, personificação do *berserker* viking, brandia seus raios da abóbada do céu para abater o inimigo. O deus grego da guerra era o viril e extravagante Ares, que, de acordo com Homero, na *Ilíada*, era peludo, suado e tinha noventa metros de altura. Conhecido pelos romanos como Marte, ele era pai dos gêmeos Rômulo e Remo, fundadores da cidade de Roma, e, portanto, chegou ao apogeu no mundo clássico como a personificação do poderio militar romano.

No nível psicológico, Marte incorpora a necessidade de nos defendermos do ponto de vista físico, emocional, intelectual e espiritual, e nos definirmos como indivíduos separados num mundo potencialmente hostil. Lutamos não só individualmente, mas também em grupos organizados. Lutamos por nossas famílias, por nossos países e por princípios religiosos e políticos. A autopreservação, no animal humano, é também combinada com o anseio pela autodefinição, e a sobrevivência psicológica exige que lutemos por uma identidade individual. Lutamos para ser mais importantes do que nossos companheiros e para ser mais amados do que nossos rivais. Às vezes nossas batalhas são disfarçadas e recebem outros nomes, como nas táticas dominadoras da chantagem emocional ou na agressão invertida do suicídio – o ato supremo de guerra contra a vida. Contudo, embora a agressão tenha muitas formas vis e destrutivas, ela precisa de canais de contenção inteligentes que não sejam a repressão forçada. A raiva é uma das mais fundamentais expressões de Marte, e, embora a raiva mal-direcionada só cause sofrimento, precisamos ter liberdade para sentir raiva quando somos desrespeitados em qualquer nível. A capacidade de dizer "Não!" quando queremos é uma das dimensões mais importantes e positivas de Marte, pois do contrário nos tornamos vítimas da vida e da nossa própria covardia. Marte é o braço belicoso do Sol na carta natal e representa, no nível mundano, a necessidade de expressarmos a nossa individualidade e definirmos nossos objetivos e valores de modo efetivo. O poder fálico do deus da guerra descreve nossa capacidade para saber o que queremos e fazer o necessário para conseguir isso. Essa capacidade masculina para tomar conta da própria vida, relevante tanto para homens quanto para mulheres, está profundamente ligada aos sentimentos de força e poder. Marte garante que temos alguma chance de conseguir o que quer que desejemos da vida.

Muitas pessoas vivem um conflito entre seu desejo de autoafirmação e seu anseio pela proximidade emocional. Consequentemente, elas podem ter dificuldade para reconhecer ou expressar uma raiva perfeitamente saudável e justificável, receosas de que os outros as rejeitem ou não as considerem dignas de amor. Experiências na infância podem contribuir para a convicção de que a definição da própria personalidade antagonizará a pessoa com o seu grupo social ou com a família. A experiência da violência doméstica – um surto agressivo de Marte – também pode tornar difícil para o indivíduo entender e expressar a face positiva e criativa da agressividade, pois o modelo inicial foi muito intimidante. Contudo, muitas vezes deixamos de ver a ligação íntima entre a expressão da violência doméstica – muitas vezes um reflexo de profundos sentimentos de impotência – e a aparente impotência da vítima, que acaba por exercer um poder maior graças à sua convicção de que é moralmente superior. Ninguém pode acusar os deuses da guerra de darem a outra face, visto que, da perspectiva deles, isso meramente significaria ser esmurrado do mesmo jeito. A incapacidade de expressar Marte pode levar à postura enganosamente nobre, mas, por fim, pouquíssimo compensadora de mártir. Os mártires perenes, no entanto, embora aparentemente dóceis, muitas vezes provocam agressões nas outras pessoas.

O instinto de competir e ganhar também é uma expressão de Marte, e reconhecemos sua vitalidade e importância em esferas como a dos esportes competitivos. O deus da guerra não se satisfará com nada menos do que o primeiro prêmio, pois essa é uma afirmação da sua excelência pessoal e uma recompensa pelos seus esforços. Muitas pessoas sofrem uma profunda inibição quando o assunto é competir – seja porque têm medo da humilhação da derrota ou porque ficam apavoradas diante da inveja dos outros, caso saiam vitoriosas. No entanto, se reprimirmos a necessidade de comprovar nossas capacidades individuais por causa do medo, ou em nome de uma ideologia política ou espiritual, podemos acabar frustrados e cheios de raiva e de inveja. Marte se expressa de diferentes maneiras e em diferentes níveis, de acordo com a pessoa, e o espírito competitivo pode ser satisfeito por meio de atividades intelectuais e artísticas, bem como por meio de façanhas atléticas. Mas, em algum lugar dentro de nós, existe a necessidade de sermos reconhecidos como os primeiros e os melhores em alguma esfera da vida, não importa o quanto seja pequena, e todos nós precisamos dessa sensação de poder e valor pessoal que advém das conquistas árduas. Todo planeta do mapa natal propicia o equilíbrio dos demais, e o espírito de luta instintivo de Marte é abrandado e adquire significado por meio dos nossos ideais, da sensibilidade com relação aos outros e da aceitação realista dos limites humanos. O deus da guerra mitológico não é inerentemente cruel ou maligno. Em sua forma mais criativa, ele incorpora o instinto básico que luta em prol da vida.

———————————— ♂ ————————————

O deus da guerra guarda ferozmente o seu território, emitindo um poderoso alerta contra aqueles que querem lhe impor sua vontade ou invadir seus domínios. Ele revidará, se preciso, com um golpe da sua espada ou língua afiada, mas só se os que o ameaçam desconsiderarem seu direito de ser como é. Ruidoso, enérgico e agressivo, o senhor da batalha não é benquisto pelos deuses olímpicos; no entanto, ele travará as batalhas desses deuses também, com a mesma nobreza e coragem que trava as suas.

———————————— ♂ ————————————

MARTE

Júpiter
— ♃ —

Júpiter é o maior planeta do sistema solar, e na mitologia é o maior dos deuses. Na Babilônia, essa divindade, rei do céu e encarregado das leis e da justiça, era chamado de Bel, o Senhor do Ar. Ele regia os furacões e detinha a insígnia da realeza, a qual conferia aos reis terrenos da sua escolha. Nas mitologias teutônica e escandinava era conhecido como Odin (Wotan), regente dos deuses, que concedia heroísmo e vitória, e ordenava as leis que governavam a sociedade humana. Na Grécia, ele adquiriu sua face mais nobre e humanizada como Zeus, pais dos deuses e dos homens. O nome Zeus deriva de uma palavra sânscrita que significa luz ou raio, e como guardião do relâmpago que ilumina os céus, o Zeus olímpico era reverenciado como o Altíssimo, em todo o mundo antigo. Em muitos sentidos ele lembra a imagem judaico-cristã do Pai Todo-Poderoso – onipotente, onisciente e a fonte de toda lei moral. Mas Zeus não era apenas uma divindade benevolente e paternal. Ele também era impaciente, vaidoso, temperamental e irremediavelmente promíscuo, e copulou com inumeráveis mulheres mortais para produzir uma raça de heróis ou semideuses, que se tornaram os maiores

Apesar do seu temperamento imaturo e de seus acessos de raiva, o mundo greco-romano imaginava Júpiter como uma figura régia e poderosa no apogeu da vida.

protagonistas da mitologia, da poesia, do teatro e da arte gregos. Filho do deus da Terra Cronos, Zeus teve de lutar contra o pai para conquistar seu reino e estabelecer o seu domínio celeste sobre a Terra. Para os seres humanos, ele era ao mesmo tempo vingativo e generoso – não muito diferente do Yahveh do Antigo Testamento –, tentando destruir a raça humana com uma grande inundação, mas também conferindo imensurável riqueza, poder e honra àqueles que favorecia. Os romanos o chamavam de Júpiter, ou Jove, e a natureza alegre, extravagante e cheia de vida desse deus deu origem à palavra "jovial".

No nível psicológico, Júpiter, que criava as leis e concedia os dons, reflete nosso anseio por um Pai celestial – uma necessidade de vivenciar algum princípio espiritual norteador na vida. Embora possamos não reconhecê-lo pelo nome, nossa ânsia por princípios morais reflete Júpiter em ação em nós. O rei mítico do céu personifica nossos mais profundos anseios religiosos – não uma inclinação para a ortodoxia, mas uma necessidade de vivenciar o universo como dotado de ordem, nas mãos sábias e benevolentes de um poder superior que, mesmo que pareça ocasionalmente temperamental, no final é justo. Esse anseio religioso instintivo nem sempre vem revestido com a pompa das religiões estabelecidas. Também pode ser expresso por meio da busca do artista pelo contato com o divino ou dos nossos esforços para criar um sistema social e jurídico que siga um ideal de justiça, além de tirar os criminosos das ruas. Criamos nossos códigos do que é certo e errado a partir do conhecimento intuitivo de um conjunto superior de leis, e essa necessidade de uma visão de mundo, ou filosofia, que dá direção e autoridade moral à nossa vida, é refletida pelo Júpiter astrológico. A inquietação e a promiscuidade de Júpiter, na mitologia, representam nosso anseio incansável por um futuro de algum modo maior, melhor e mais brilhante do que o presente. Não existe nada mais sedutor do que nossos sonhos para o futuro, e ninguém é mais sedutor do que o rei do céu na mitologia (nenhum mortal, seja homem ou mulher, resiste aos seus avanços amorosos). A maneira às vezes indiscriminada pela qual buscamos novas experiências pode causar desperdício de tempo, energia e recursos; mas essa luta incansável também pode expandir nossa consciência e nos dar um vislumbre da imortalidade. Júpiter é o eterno adolescente do panteão divino, grande e impetuoso demais para se reprimir por muito tempo, e sempre em busca de novos horizontes. Por meio de Júpiter, descobrimos nossa necessidade de nos libertar dos limites do tempo, da idade e das circunstâncias, para descobrir a vida novamente com o entusiasmo e otimismo da juventude.

Sempre que olhamos à nossa volta e imaginamos possibilidades maiores e melhores do que o mundo em que vivemos, estamos expressando Júpiter. Quando dizemos a nós mesmos, "Com certeza, posso aprender com esta experiência!", é a voz de Júpiter nos advertindo de que existe um padrão inteligente por trás de acontecimentos aparentemente fortuitos. Muitas pessoas, no entanto, sentem dificuldade para expressar esse mítico doador de dons na vida diária. Com medo do futuro e destituídas de fé, tanto em si mesmas quanto na vida, algumas pessoas se apegam demais ao que sabem, em vez de abrir as portas para outras possibilidades. Experiências na infância, como pobreza ou um ambiente doméstico crivado de medo e amargura, podem dificultar, na idade adulta, a crença de que qualquer coisa possa ficar melhor do que é no presente. E, se acreditamos que nada melhor é possível, nunca daremos os passos necessários para criar um futuro diferente; em vez disso, mergulharemos na escuridão do ceticismo e da desesperança. Júpiter, na mitologia, era considerado o mensageiro da boa sorte, que dispensava dons assim como lançava raios do céu. No entanto, em grande parte, a sorte consiste na nossa capacidade de intuir oportunidades e fazer com que elas se manifestem. Nesse sentido, criamos nossa própria sorte, pois temos fé suficiente no futuro para assumir riscos no presente.

Na mitologia, Júpiter cuida dos seus filhos de um modo bem peculiar. Ele lhes dá um sinal do seu destino semidivino e, depois de perceber que tomaram o rumo certo, se afasta e os deixa por sua própria conta, buscando o futuro com seus próprios recursos. Somente se estão de fato com problemas, ele intervém e, mesmo assim, apenas indiretamente. Esse sinal desse deus – podemos chamá-lo de intuição do caminho "certo" a seguir – é uma importante característica do Júpiter astrológico. É por meio dos nossos palpites e intuições que às vezes descobrimos as mais profundas indicações para um futuro só possível se tivermos fé nos nossos sonhos e coragem para explorar um desconhecido destituído de garantias. Da perspectiva de Júpiter, o maior dos fracassos é almejar pouco. Um espírito cheio de esperança depende, não do amparo concreto de um emprego confiável ou de uma sólida conta bancária, mas de uma convicção íntima de que a vida está do nosso lado. O anseio para avançar rumo ao futuro e a crença de que, de algum modo, conseguiremos os recursos necessários para chegar aonde queremos são, ambos, expressões desse planeta brilhante, que fisicamente domina o céu com sua grandiosidade e domina igualmente nossos sonhos para o futuro com sua mensagem de entusiasmo e esperança.

―――――― ♃ ――――――

O rei dos deuses contempla com satisfação o mundo que rege, visualizando um número infinito de futuros possíveis que podem aumentar a potência e a glória desse mundo – e dele próprio. O trono em que ele se reclina é feito não de madeira ou pedra, mas de homens e mulheres vivos, cuja adoração e súplicas sinceras abastecem sua força, magnanimidade e poder, além de dar substância aos seus sonhos.

―――――― ♃ ――――――

♃   **JÚPITER**   ♃

Saturno
— ♄ —

A Era de Ouro é um sonho humano antigo e indestrutível; não só a Bíblia, mas os mitos dos sumérios, babilônios, gregos e romanos a descrevem, cada qual com a sua própria história sobre uma Queda, quando a lei divina foi transgredida por seres humanos errantes. E hoje nós evocamos o sonho da Era de Ouro sempre que nos voltamos para o passado e temos a visão reconfortante de um tempo em que imperavam a lei e a ordem, quando os seres humanos viviam em harmonia com os ciclos da natureza e ainda não tinham degenerado em violência e corrupção. Na *Cosmogonia* de Hesíodo, essa Era de Ouro estava sob a regência benigna do grego Cronos –, deus austero, mas justo –, que os romanos chamavam de Saturno. Ele era um deus da terra, não do céu, e governava os ciclos ordenados das estações, a passagem irrevogável do tempo e as leis pelas quais homens e mulheres podiam viver de acordo com a natureza e sua própria moralidade. Patrono da agricultura e senhor das colheitas, ele simbolizava a fertilidade das terras cultivadas e recompensava o esforço honesto. Era um deus ativo e um rei sábio que ensinou homens e mulheres a prensar azeitonas e a cultivar vinhedos. Para aqueles que obede-

Embora a mitologia descreva sua juventude, o deus do tempo e dos ciclos terrenos era invariavelmente retratado na arte greco-romana como um velho cansado.

ciam às suas leis de disciplina, tempo e mortalidade, ele era um regente generoso, que oferecia paz e abundância. Para aqueles que buscavam impor sua própria vontade sobre as leis da vida, era, porém, um juiz implacável e sem misericórdia. Os romanos reverenciavam sua face amigável no final do ano por meio das Saturnálias, uma festividade de duas semanas que nem o Carnaval do Rio de Janeiro jamais superou. Presume-se que o nome Saturno tenha derivado do latim *sator*, que significa semear; e no seu nível mais profundo, esse deus simbolizava a máxima de que colhemos o que plantamos.

No nível psicológico, o deus terreno Saturno simboliza nossa necessidade de criar estruturas firmes e duradouras nas quais possamos viver em paz e de acordo com os limites da vida mortal. As leis de Saturno não são iguais aos princípios espirituais idealizados de Júpiter, mas refletem uma aceitação realista do que é necessário para manter indivíduos e sociedades a salvo e produtivas. O domínio de Saturno não é a vida após a morte, mas as questões deste mundo material, com todos os seus fracassos e imperfeições. A profunda necessidade de ordem e segurança é o que impulsiona os nossos esforços para criar leis sociais que restrinjam os excessos do comportamento humano e preservem os valores testados e comprovados do passado. Saturno é uma divindade francamente pragmática, e os ideais impossíveis de perfeição humana parecem infantis e irresponsáveis quando desafiados pela profundidade da sua sabedoria terrena. Indiferente a polêmicas, a voz de Saturno dentro de nós nos diz que merecemos colher – e conservar – as recompensas dos nossos esforços, e que a autossuficiência é mais eficaz do que a exigência para que os outros assumam a responsabilidade pelo nosso bem-estar. Todos nós precisamos de algo permanente em nossas vidas e o Saturno astrológico simboliza nossa insistência em estabelecer limites, internos e externos, dentro dos quais possamos nos sentir seguros. Também precisamos incorporar as esperanças e os sonhos de maneira concreta, e Saturno, como deus da semeadura e da colheita, reflete o anseio para realizarmos nossos potenciais e fazermos contribuições sólidas à vida.

Saturno é um deus conservador no sentido mais amplo, pois retrata nossa necessidade de preservar o que provou ter valor e força ao longo do tempo. Ele também representa nossos esforços para manter o *status quo* em face do caos e da revolução ameaçadores. As necessidades humanas básicas descritas pelo símbolo astrológico de Saturno nos fazem querer possuir nossa própria casa, ganhar respeito e remuneração pelos nossos esforços e nos defender contra aqueles que tentam tirar de nós o que trabalhamos tão arduamente para conseguir. Nosso orgulho e autossuficiência, e o sentimento de respeito por nós mesmos, que adquirimos quando fazemos algo bem feito, refletem Saturno em ação dentro de nós. A natureza terrena dessa divindade descreve nosso desejo de comprovar teorias antes de confiar nelas e arriscar nossos recursos intelectuais, emocionais ou materiais. O tempo e a experiência são, para Saturno, os únicos mestres verdadeiros. Qualquer esforço que fazemos para conquistar um lugar de respeito na sociedade reflete nossa expressão de Saturno, pois a aprovação do coletivo constitui uma dimensão muito importante do que nos transmite segurança. A natureza intrinsecamente defensiva de Saturno também pode revelar uma face mais sombria, levando-nos a considerar perigosos e subversivos aqueles que são estrangeiros ou diferentes na raça ou no estilo de vida. Esse antigo deus terreno não é uma divindade crédula, e aquilo que é desconhecido precisa ser testado – e talvez até ser feito de bode expiatório – antes de receber permissão para atravessar os portões vigiados e penetrar nos muros da cidadela.

Algumas pessoas têm dificuldade para expressar as necessidades de Saturno. Muitas têm medo dos efeitos limitantes das suas próprias necessidades de segurança, convencidas de que sua liberdade e sua criatividade pessoais serão cerceadas se houver muitas regras e responsabilidades. Elas podem evitar compromissos em muitos níveis, pois isso exigiria o sacrifício de possibilidades futuras. No entanto, aqueles que não conseguem expressar Saturno abertamente podem acabar buscando segurança de modo dissimulado, esperando que algum substituto saturnino – um parceiro confiável, um governo paternalista ou uma hierarquia corporativa favorável – desempenhe o papel do deus terreno e lhes providencie o que precisam, dispensando-os de fazer a sua parte. Embora às vezes seja mesquinho e defensivo, Saturno é o símbolo planetário da capacidade humana de suprir a si mesma num mundo impiedoso. Sem esse centro sólido continuamos infantis do ponto de vista psicológico, sempre buscando um pai substituto que nos dará alimento e abrigo e nos protegerá da solidão e da extinção. Quando não reverenciamos Saturno, abrimos mão da nossa autenticidade, autoridade e capacidade de respeitar os limites dos outros. Às vezes Saturno tem lições difíceis a nos ensinar sobre separatividade e confiança em si. O mito da Era de Ouro, no entanto, presidida por esse deus justo e incorruptível, é um símbolo poderoso de uma serenidade ao alcance de todos nós. Ela não pode ser encontrada na nostalgia com relação ao passado nem por meio de um pai substituto no presente. Mas podemos encontrá-la respeitando essas leis fundamentais da vida, que só requerem que aceitemos nossa expulsão do Jardim do Paraíso. Ao ficar em paz com nossos limites mortais, descobrimos a força de Saturno dentro de nós.

O titã Saturno, com os pés plantados na terra rochosa que preside, nos coloca diante da dualidade da sua natureza. Na mão direita está a Cornucópia, a recompensa prometida a quem adere às leis da natureza e a imagem da fecundidade e da paz da Idade de Ouro durante a sua regência. Na mão esquerda, a foice, símbolo não apenas da colheita nos campos, mas também da colheita do corpo mortal, depois de cumprir o seu tempo de vida na terra. A vida e a morte estão, portanto, entrelaçadas como parte do padrão de nascimento, maturidade, declínio e extinção. E aqueles capazes de aceitar as leis e a necessidade do tempo podem compartilhar dos frutos do seu trabalho com espírito de serenidade.

SATURNO

Quíron
— ♆ —

O mito grego de Quíron, o rei dos centauros cuja ferida incurável transformou-o em alguém capaz de curar, é extremamente relevante para a compreensão do sofrimento humano. O tema do sacerdote-curandeiro ferido pode ser encontrado em várias culturas e faz parte do treinamento dos xamãs de tribos africanas e dos nativos norte-americanos. Em nenhum outro lugar, no entanto, ele é retratado com cores tão vivas como na estranha figura de Quíron. No mito, os centauros, criaturas metade cavalo metade ser humano, são imagens das poderosas forças dos instintos comandados pela razão humana. Quíron, filho do deus da terra Saturno, era habitante das florestas e das cavernas e um astuto caçador, versado em plantas e animais. Ele ajudou Hércules dando-lhe conselhos, mas este acidentalmente feriu-o com a ponta de uma flecha usada para destruir o monstro Hidra; essa flecha estava embebida com o sangue da Hidra, um veneno corrosivo para o qual não existia antídoto. Apesar da sabedoria, o centauro não foi capaz de descobrir uma maneira de aliviar sua agonia e curar sua ferida. Esse ferimento, causado mais por descuido do que por um ato deliberado de violência, transformou Quíron. Incapaz de livrar-se da dor, porém incapaz de morrer, pois era imortal, ele deu significado à sua dor curando

Embora fosse um curandeiro sábio e um professor, o lado sombrio de Quíron era por vezes retratado na arte greco-romana como um caçador bruto e selvagem.

outros seres. Tornou-se o sábio tutor de muitos príncipes gregos e ensinou à sua tribo indomável de centauros hábitos mais civilizados, incutindo-lhes uma amizade maior pelos seres humanos. O tema mítico da sabedoria adquirida por meio do sofrimento é simbolizado na astrologia pelo planeta Quíron, descoberto há pouco tempo e considerado agora – depois de quase vinte anos de pesquisa – uma dimensão extremamente importante da carta natal.

Este pequeno planeta, como o mítico centauro, é um desgarrado preso ao nosso sistema solar. Asteroide ou cometa sem vida capturado pela atração gravitacional do Sol, ele um dia se afastará tão misteriosamente quanto se aproximou do nosso sistema. Sua órbita é errática e elíptica. No nível psicológico, Quíron incorpora os anseios e experiências que refletem essa característica alienígena e alienada. Quando somos feridos pelas injustiças da vida, ficamos presos em nosso sofrimento e sentimos necessidade de encontrar um sentido para a dor. Isso pode não acabar com o sofrimento, mas nos ajuda a lidar criativamente com sentimentos que, de outro modo, nos envenenariam com uma amargura sem fim. Muitas das nossas feridas foram causadas pelas nossas próprias atitudes e, mesmo que relutemos em aceitar esse fato, podemos, se pressionados, reconhecer como atraímos o próprio sofrimento por meio de escolhas erradas ou atos impensados. Também podemos descobrir as raízes de experiências dolorosas no modo inconsciente com que recriamos nossas feridas da infância na idade adulta. Essas feridas podem ser curadas, pois, ao reconhecer nossa parcela de responsabilidade, podemos mudar as atitudes e criar um futuro melhor. Mesmo quando somos feridos pela maledicência das outras pessoas, temos o conforto do julgamento moral, quando não do julgamento da lei. Mas, quando a própria vida nos fere com sua cega selvageria – por meio do impacto das guerras, dos desastres naturais ou de uma herança genética desfavorável que não é culpa de um único indivíduo –, ficamos desnorteados e assustados, pois parece que a vida é injusta e somos obrigados a encarar as sombrias forças impessoais do caos. A simples fé religiosa pode ajudar algumas pessoas a ficar em paz com essas experiências. Mas muitos indivíduos precisam de mais do que a promessa de que a vontade de Deus é inescrutável e que a vida após a morte será mais agradável.

Quíron reflete nossa necessidade de ampliar a compreensão para além dos preceitos coletivos sociais e religiosos, pois até mesmo a fé de Júpiter num cosmos benigno pode, a certa altura, ser incapaz de satisfazer nossa necessidade de saber por que às vezes a vida é tão dura. A visão psicológica do tipo plutoniano também pode não nos ajudar quando enfrentamos tragédias que não parecem ter propósito maior do que nos fazer sofrer. Em seus esforços para aliviar sua dor, o mítico Quíron tornou-se um agente de cura habilidoso para os outros, pois chegou a um ponto em que não havia mais nada que não conhecesse sobre a dor. Quíron dentro de nós pode nos levar além da autopiedade e da culpa e nos fazer entender um pouco mais a natureza endêmica da infelicidade humana e os meios disponíveis para ajudar as pessoas a lidar com ela. É aí que nasce a compaixão – uma palavra usada muitas vezes de modo incorreto e cuja raiz grega significa "sentir com". Não podemos sentir compaixão enquanto não tivermos sofrido. A decisão de evitar os desafios mais profundos da vida pode nos levar a um sentimentalismo autoindulgente em face da tragédia humana. Mas a compaixão como força viva de cura só nasce da experiência de uma dor incurável. Quando nos voltamos para aquelas áreas dentro de nós que foram feridas de modo desproposital e irrevogável pela vida – e todos nós já fomos feridos dessa maneira –, percebemos o quanto é difícil ser humano e quanta nobreza existe na natureza humana para que tantas pessoas reajam ao sofrimento com integridade e generosidade.

Quíron pode ser difícil de expressar, pois a criança em nós é desafiada a crescer e a enfrentar a vida como ela é, e não como gostaríamos que ela fosse. Como a criança interior sempre espera finais felizes, podemos nos agarrar teimosamente ao nosso instinto de culpar os outros ou a vida, em vez de permitir que a sabedoria de Quíron, obtida a duras penas, cresça no sólido árido da nossa dor. É quando a inocência é desafiada pelo sofrimento sem propósito que Quíron vem até nós, pois nessas ocasiões críticas nossa fé vacila e ficamos à mercê da vida. A disposição para aprender a carregar nossas feridas sem descrença ou autopiedade pode gerar uma empatia profunda e uma grande capacidade de compartilhar a solidão do ser humano. O mais curioso é que esse compartilhamento silencioso de um dilema humano básico pode ser mais terapêutico do que os esforços extenuantes de alguém que dedica sua vida a ajudar os outros. A descoberta recente de Quíron também pode refletir a natureza oportuna dessa qualidade da compaixão sem sentimentalismo, pois, como coletividade, precisamos dela desesperadamente. Estamos atualmente testemunhando o colapso de muitos valores antigos e a desintegração de uma visão de mundo que não pode mais explicar o que acontece à nossa volta. Em desespero, muitas pessoas retrocederam, adotando as atitudes religiosas e morais rígidas do passado, num esforço para encontrar alguém ou algo a que culpar. No entanto, podemos um dia descobrir maneiras mais sábias e maduras de lidar com o caos em que nos encontramos. Quando olhamos de frente a verdadeira natureza das feridas que carregamos, Quíron nos aponta a compaixão emergente do final da infância.

*Com uma dor excruciante, o centauro ferido tenta puxar a flecha do lombo.
Mas todo o seu conhecimento e habilidade instintiva não debelam a dor
que ele experimenta, nem curam a ferida provocada pelo veneno corrosivo.
No entanto, apesar da escuridão que o cerca, a luz do Sol –
iluminando com impiedosa claridade essa injustiça implacável
da vida que constitui a verdadeira natureza da sua dor –
pode fazer surgir a sabedoria e a compaixão que tornam
suportável aquilo que não pode ser mudado.*

QUÍRON

Urano
— ⛢ —

Para os povos antigos, a beleza e a vastidão da cúpula celeste crivada de estrelas revelavam o poder e a inteligência assombrosos de um deus criador invisível. No Egito, essa inefável divindade era conhecida como Atum, um espírito amorfo que carregava dentro de si o conteúdo de toda a existência. Nut, a deusa celeste egípcia, era sua face feminina, retratada com o corpo cravejado de estrelas curvado de modo a formar a abóbada celeste, tocando a terra abaixo dela com a ponta dos dedos das mãos e dos pés. Na Babilônia, o deus do céu era chamado Anu, cujo nome simplesmente significa "céu". Ele era o deus criador supremo, mas, como o egípcio Atum, permanecia alheio e além da compreensão dos seres mortais. O mesmo fazia o antigo deus grego Ouranos, ou Urano, cujo nome significa "o céu ornado de estrelas" e que – conforme a sua natureza transcendente – era raramente retratado em esculturas ou pinturas. Diferentemente do colorido Zeus, outra grande divindade grega das alturas, Urano não era dotado de traços humanos adoráveis ou sujeito a falhas. Com um poder muito mais antigo, sua face física era o próprio céu, pois ele existia desde a aurora dos tempos, antes que outros deuses viessem à existência. O Deus do Gênesis, cujo espírito cobriu a face do abismo primordial, está muito próximo do retrato que

Urano, o deus celeste invisível, era representado na arte greco-romana posterior pela musa Urânia, protetora da astrologia.

os gregos faziam de uma vasta divindade indefinível, cujo poder era responsável pela realização do projeto da criação. Urano, deus do céu estrelado, é uma representação impressionante da mente divina que concebeu a ideia de um universo antes da existência de qualquer universo.

Para compreender o símbolo astrológico de Urano, precisamos considerar o processo pelo qual os seres humanos fazem as coisas acontecerem no mundo. Antes de criarmos qualquer estrutura complexa – um livro, uma casa, uma empresa, uma composição musical, a constituição de uma nação –, precisamos ter uma ideia do produto acabado em nossa mente. Essa ideia pode ser formada a partir do pensamento lógico ou pode surgir, de um só golpe, graças a um surto repentino de inspiração. Podemos estar conscientes disso ou ser orientados de modo inconsciente, sem ter noção de qual seja a fonte das nossas ações. Mas sem isso nada coerente pode ser produzido. O processo de captar uma ideia e trazê-la para a realidade é evidente, tanto na liderança política quanto em campos artísticos como a arquitetura, o design de interiores ou a direção teatral, nos quais todo o conceito precisa permanecer mental até que os componentes individuais possam ser congregados. Algumas pessoas têm um talento especial para visualizar o todo antes de manifestá-lo; essa capacidade é necessária em todos os trabalhos administrativos, nos quais as diferentes tarefas e funções precisam estar interligadas por um conceito geral. Alguns sistemas filosóficos antigos – como o platonismo e o estoicismo, em que o cosmos é percebido como um sistema interconectado e autorregulado – ostentam a marca da visão uraniana. O mesmo acontece com a astrologia. Hoje em dia, a maioria dos ramos da ciência investiga os componentes materiais do universo com grande eficácia, mas sem a consciência mais ampla de um todo interligado do qual Urano é o símbolo astrológico.

No nível psicológico, o deus criador Urano corporifica nossa necessidade de ver além de eventos e objetos distintos e vislumbrar os mecanismos do todo maior do qual fazemos parte. Urano também reflete nosso desejo de transcender os sentimentos pessoais para entender o padrão mais amplo da nossa vida. A necessidade de uma perspectiva objetiva da vida existe em todos nós, embora algumas pessoas achem difícil alcançá-la. Sem ela, não podemos descobrir como nos encaixamos em unidades maiores da sociedade e do mundo, e nos mantemos isolados e egocêntricos. Com ela, podemos nos desembaraçar das compulsões emocionais que ocupam uma dose tão grande do nosso tempo e energia, e ver com uma lucidez fria nosso lugar no esquema maior das coisas. A descoberta dessa perspectiva, especialmente nas situações mais críticas da vida, pode servir como um poderoso combustível. Sem ela passamos a vida toda tateando às cegas, temerosos e incapazes de compreender o fio que liga todas as nossas experiências de vida e lhes dá um significado mais profundo. Urano também pode ser visto em ação no nível coletivo, refletindo nosso anseio humano universal de saber para onde vamos e por quê. As maiores reviravoltas na história da humanidade ocorreram não por causa das ações de um indivíduo, mas graças ao poder das ideias que irromperam da psique coletiva e encontraram um porta-voz humano apropriado. A Reforma que varreu o norte da Europa no século XVI começou com uma ideia – a de que os seres humanos podiam se dirigir diretamente a Deus e não precisavam de um papa para lhes servir de intermediário – e descobriu Martinho Lutero como seu porta-voz. As revoluções americana e francesa, do século XVIII, também extraíram seu poder de uma ideia cuja hora havia chegado – o direito que todo ser humano tem de contribuir para criar o futuro da nação em que vive. As ideias também podem dar muito errado, como a da Revolução Bolchevique. No entanto, mesmo quando a natureza humana distorce a pureza de uma visão, como é inevitável que aconteça, a própria ideia reflete a necessidade uraniana de progresso e evolução.

Muitas pessoas acham difícil expressar Urano, porque elas precisam se desapegar das suas necessidades emocionais imediatas e visualizar um quadro maior do futuro. Esse desapego é capaz de parecer frio e assustador, pois parece diminuir o valor do indivíduo. Podemos saber que um divórcio, uma guinada na carreira ou um afastamento da família pode ser o melhor para nós, mas isso não é suficiente para diminuir a dor ou a raiva muito humana que nos acomete nessas situações críticas da vida. Precisamos pagar um preço pela visão uraniana, pois sua luz clara expõe todas as nossas tendências negativas para a manipulação, o narcisismo, o rancor e a ganância. Urano também reflete nossa necessidade de um código de ética além de qualquer senso de importância individual – um código que não se compadeça das nossas dificuldades, caso elas interfiram no bom funcionamento do todo. Muitas pessoas ficam assustadas com as rupturas que esse anseio estranhamente impessoal dentro delas pode causar; elas têm esperança de que, se o reprimirem, não serão obrigadas a subir até o alto da montanha e contemplar com honestidade e lucidez o caminho que tomaram na vida. No entanto, se evitarmos expressar Urano, seu poder criativo irromperá no nosso mundo pessoal independentemente da nossa vontade – por meio da mudança de que inconscientemente precisamos e, em alguns casos, até provocamos, mas que podemos encarar como algo devastador quando nos deparamos com ela. A visão celestial de Urano pode às vezes parecer fria e impessoal; no entanto, ela oferece uma liberdade maior por meio de uma perspectiva nova e mais ampla da nossa vida.

Senhor do céu estrelado, Urano, o arquiteto da criação, cria os padrões ordenados do universo e visualiza sua criação imbuída de simetria e beleza. Nessa prancheta celestial não aparecem falhas nem tampouco desarmonias resultantes das imperfeições da mortalidade. Tudo é ordem e sistema, tudo é perfeitamente autorregulado e segue seu caminho com elegante simetria — uma visão de um cosmos e do potencial humano que sempre inspira nossa esperança, embora sempre nos envergonhe enquanto lutamos com nossos limites mortais.

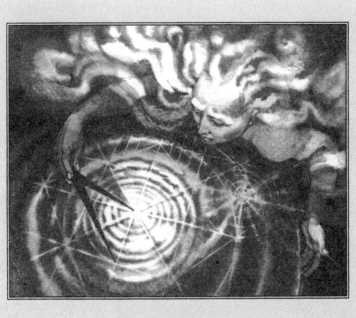

URANO

Netuno
— ♆ —

A água é retratada, na mitologia, como o útero de todas as coisas vivas e a fonte para a qual a vida retorna para renascer. Na Suméria, a deusa do mar era chamada Nammu, a Mãe de Todos. Na Babilônia, ela era conhecida como Tiamat e retratada como um imenso monstro aquático, que deu origem a todos os deuses e depois foi desmembrada para formar o céu e a terra. No mito hindu, a grande deusa Maya personifica o oceano cósmico ilimitado do qual surgiram todos os universos, para então se dissolverem novamente nas águas primais no final do seu ciclo. Nos contos arcaicos da Grécia pelásgica, a deusa Eurínome criou inicialmente o oceano e dançou sobre as ondas, copulando com uma serpente para gerar o cosmos. Num mito grego posterior, sua imagem fragmentou-se em muitas divindades fugidias de lagos, rios e nascentes, e todo riacho tinha a sua ninfa. O grande deus Okeanos também estava presente na mitologia grega, cingindo o globo terrestre com seu corpo eternamente fluido e fértil. Quando o culto às antigas deusas-mãe foi aos poucos sendo suplantado pelo culto aos dinâmicos deuses olímpicos, a amorfa deusa marinha Eurínome foi substituída pelo deus de cabelos azuis Posêidon, senhor dos terremotos, dos touros e dos cavalos, que herdou a regência do mar. Essa poderosa divindade, caprichosa, temperamental e incomensurável como as águas

Netuno, a divindade com rabo de peixe, e sua consorte, Anfitrite, cercados por fabulosas criaturas marinhas, eram um tema muito frequente nos mosaicos das termas romanas.

que preside, era conhecida pelos romanos como Netuno, nome que o planeta recebeu.

A universalidade e o mistério das divindades do mar são uma alusão às nossas primeiras experiências de vida nas águas do útero, quando vivemos em simbiose com a nossa mãe e não temos consciência nem uma identidade independente. A imersão na água é, portanto, a representação mítica da união com a fonte da vida, e esse motivo dinâmico e poderoso está hoje presente no ritual cristão do batismo, como símbolo da purificação e do renascimento. O anseio para se reunir com a fonte da vida, para limpeza e renovação espiritual, é também evidente na crença hindu segundo a qual o banho das águas da Mãe Ganges liberta a alma da interminável roda do karma. As deusas do mar da mitologia são vastas e incognoscíveis, amorais e imprevisíveis, dotada do dom de profecia e do poder de autofertilização. A imagem da fertilidade ilimitada da água também a associa com o poder da imaginação, que pode dar origem a um fluxo interminável de imagens sem a necessidade de uma fonte externa de fertilização. A água é o grande símbolo mítico da redenção, mas é também a imagem principal da destruição. Nos mitos babilônicos, gregos, hindus e hebraicos, a raça humana foi quase destruída por um grande dilúvio enviado pelos céus, pois as águas do esquecimento são o nosso final, bem como o nosso começo. No entanto, apesar do medo da extinção, ansiamos por nos sentirmos conectados com a nossa fonte, alimentados pela sua generosidade e protegidos no seu abraço carinhoso. Nossa necessidade de fusão com a mãe, na infância, tem muitas semelhanças com a nossa busca espiritual pela fusão com o divino na vida adulta. Uma não nega a importância nem a verdade da outra. Nosso desejo de redenção pertence aos dois, à criança e ao adulto, tanto ao corpo quanto à alma.

No nível psicológico, Netuno reflete a nossa necessidade de descarregar a carga solitária da existência material e vivenciar a felicidade da união com algo maior. Este é tanto um imperativo emocional quanto espiritual, embora ele se expresse de maneiras diferentes conforme a natureza do indivíduo e suas crenças pessoais. Algumas pessoas procuram a libertação de Netuno por meio do consolo de uma ideologia abrangente.

Nossa crença no Estado como uma fonte mágica de vida e alimento persiste mesmo em face da falibilidade humana evidente de qualquer governo ou sistema político. Muitas pessoas vivem o êxtase da união transcendente nas primeiras fases do amor, e sentem-se profundamente desapontadas quando o parceiro, pai ou filho amado passa a ser apenas mais um ser humano com pés de barro. Outros buscam o sabor do esquecimento por meio de substâncias como o álcool ou a heroína, pois o estado ilusório de união que certos medicamentos produzem pode prometer um sentimento de renovação abençoado – até que o corpo sofra as consequências. Nossa necessidade de redenção, simbolizada por Netuno, decreta-se através de todas as nossas experiências de vício, pois é por meio de substitutos que inconscientemente procuramos nos reunir com a fonte oceânica da vida. É por meio desses mesmos substitutos que sofremos as mais amargas desilusões. O envolvimento religioso e artístico – especialmente a elevada participação emocional da música, do teatro ou do culto compartilhados – pode nos oferecer uma forma benéfica de imersão nas águas míticas, pois é o mundo interior, em vez dos substitutos externos, que propicia as experiências mais autênticas e transformadoras de reunificação com a fonte da vida. A magia do cinema, do teatro ou da sala de concertos, e a paz misteriosa da sinagoga, da igreja, da mesquita ou do templo proporcionam um refúgio da dor da vida, onde podemos esquecer a nossa solidão e diluir os nossos anseios mais profundos em uma inundação poderosa de aspiração humana partilhada.

Netuno não reflete gostos individualizados. A divindade das águas simboliza um desejo universal de transcender a dor da existência individual e retornar ao estado sem forma do período anterior ao nascimento. Por essa razão, Netuno é expresso por meio das tendências e modas grupais, e se revela através de coletivos que compartilham um sonho comum de redenção por meio de um ideal comum. Quando queremos parecer como todo mundo ou submergir os nossos valores individuais numa identidade de grupo, estamos expressando Netuno. Essa renúncia à individualidade, destituída de qualquer faculdade crítica, pode ser tão destrutiva quanto curativa. O grupo pode tornar-se uma multidão, provocando uma grande inundação de emoções primárias que são capazes de destruir com terrível selvageria. Os expurgos da Inquisição são apenas um exemplo das maneiras pelas quais a humanidade mostrou terrível crueldade ao longo dos séculos, em nome da redenção espiritual. No entanto, sem Netuno iríamos nos sentir isolados, desolados e apartados de qualquer alimento espiritual ou criativo interior. A necessidade que Netuno simboliza é complexa, e dá vazão ao melhor e ao pior da natureza humana. Contido em um núcleo sólido de valores individuais e uma capacidade de honesta reflexão, Netuno representa as nossas melhores aspirações e nossa capacidade de sentir compaixão por todos os outros seres vivos que brotam da mesma fonte misteriosa.

Senhor dos sonhos, das visões e de profundezas incipientes, o deus enigmático do mar e do terremoto se move em silêncio sob a superfície da vida, escondendo os potenciais que um dia irão emergir para a luz do dia. A imersão prolongada em seu domínio nos destrói por meio do vício ou da loucura, mas as suas águas também nos purificam e renovam por meio das riquezas sem limites da imaginação e do consolo da compaixão – levando embora – durante um tempo, pelo menos – o sofrimento e a solidão da existência mortal.

NETUNO

Plutão
— ♇ —

Muito antes do conceito cristão de vida após a morte, existia o mito de um mundo subterrâneo, governado por um austero regente dos mortos, para onde partiam as almas dos bons e maus. Nos mitos da Suméria e da Babilônia, esse domínio impenetrável era o território de uma divindade feminina chamada Ereshkigal, pois a nossa morada final era vista como o mesmo ventre escuro de onde saímos para tomar nosso lugar na encarnação terrena. No mito grego antigo, o mundo subterrâneo era assombrado por terríveis deusas, como as Moiras ou as Parcas, Hécate, a soberana da feitiçaria, e as Erínias, deusas da vingança. Mas, assim como o mar se tornou o domínio de uma divindade masculina, Poseidon, o submundo passou para as mãos de um deus enigmático, Hades. Os romanos o conheciam como Plutão, cujo significado em grego é "dispensador de riquezas". Invisível aos olhos dos mortais, Plutão podia ser obsessivo e violento. No entanto, à sua moda, ele era inexoravelmente justo. Guardado por um cão feroz de três cabeças, seu reino era cercado pelo sossego e a calma dos Campos Elíseos, morada de heróis mortos, e pelas câmaras de tortura do Tártaro, reservadas para aqueles que em vida ofenderam os deuses. Tão inalterável era a vontade de Plutão que, depois que a alma passava para o

Anúbis, o deus egípcio com cabeça de chacal, presidia o ritual de embalsamamento e guiava as almas dos mortos para o mundo inferior.

mundo inferior, os ditames de nenhum outro deus poderiam trazê-la de volta, pois a irrevogabilidade da morte tem precedência sobre todos os outros mandamentos divinos. Plutão, no entanto, também podia ser imensamente sedutor, e seus encantos são retratados na mitologia por sua tentativa de seduzir Perséfone com a doçura da romã. Como a morte era entendida como um mistério impenetrável, poucas imagens de Plutão sobreviveram desde a antiguidade. Também não existem templos do Senhor dos Mortos, pois a sua presença está em toda parte: os seus altares existem no corpo mortal de todas as coisas vivas.

No nível psicológico, Plutão pode ser ameaçador para aqueles que preferem viver unicamente na superfície da vida. Nossa necessidade de penetrar até as raízes das coisas e buscar a introspecção no submundo da psique é refletida pelo símbolo astrológico de Plutão, mas muitas pessoas acham essa necessidade assustadora e se apegam a uma imagem ingênua e infantil da vida. Plutão também descreve o nosso desejo de destruir o que desenvolvemos além da conta, pois o Senhor dos Mortos é um símbolo profundo da necessidade de finais. Nenhuma vida humana pode progredir sem mudar, apesar dos nossos esforços para interromper os ciclos de tempo. Manifestamos Plutão não só por meio da própria morte, mas também cada vez que chegamos ao fim de um capítulo da vida, e somos inexoravelmente impelidos a derrubar o que é velho e estagnado, a fim de que possamos ser livres para construir o novo. Nossos anseios plutonianos, provindos de algum lugar profundo e misterioso dentro de nós, podem entrar em conflito com as necessidades de segurança bem estabelecida que nos fazem nos agarrar ao passado, mesmo quando ele se tornou sem vida e destrói nossa alma. O chamado de Plutão pode, portanto, ser reprimido, e só se revelar de maneira inconsciente e compulsiva. Então, podemos inadvertidamente criar situações para garantir que algo chegue ao fim, apesar dos nossos melhores esforços e, aparentemente, contra nossa própria vontade. Nos relacionamentos, muitos rompimentos revelam esse elemento plutoniano secreto. Podemos nos recusar a reconhecer que uma parceria é destrutiva porque temos medo da separação, da solidão ou da instabilidade financeira. Então, inconscientemente provocamos nossos parceiros para que causem um rompimento, que sentimos como algo que eles nos impõem. Nós também podemos apresentar situações plutonianas de autossabotagem num ambiente de trabalho que nos pareça sufocante e infeliz, mas que nos assegura a estabilidade material. Podemos, então, sutilmente iniciar um conflito com os patrões ou os colegas, mas expressar muita raiva e indignação quando somos forçados a buscar um novo rumo na vida.

Muitas pessoas sentem os mecanismos de Plutão como uma espécie de destino, porque não conseguem reconhecer a voz do mundo subterrâneo que anuncia o tempo de mudança. Essas pessoas se sentem vítimas quando ocorre uma crise que as obriga a mudar contra a sua vontade. No entanto, Plutão simboliza uma vontade mais profunda em ação dentro de nós, que nem sempre está de acordo com o que pensamos que somos. As necessidades de Plutão não são intencionalmente destrutivas ou maléficas. Elas revelam que o fluxo da vida está sendo bloqueado, e deve ser liberado com o abandono de uma antiga estrutura ou atitude. Essas conclusões sempre refletem as necessidades mais profundas do padrão de vida do indivíduo, não importa como ele se sinta na época. A invisibilidade mítica de Plutão garante que só descubramos a verdadeira finalidade de tais alterações posteriormente, e só se tivermos disposição para explorar nossas próprias profundezas. Muitas pessoas preferem lutar contra a sua própria necessidade, e então se sentem impotentes, amarguradas e inconsoláveis quando a batalha é perdida. Plutão é uma divindade distante e inacessível na mitologia, e sua sabedoria pode nos parecer cruel e implacável. A necessidade interior é impermeável à autopiedade, assim como Plutão na mitologia era imune aos apelos humanos. O que está morto está morto e não pode ser ressuscitado na sua antiga forma. Mas a vida pode fluir livremente de novo em formas novas e mais criativas, desde que não seja obstruída pela amargura e pelo ressentimento.

De Plutão vem o dom inestimável de reconhecer quando é hora de deixar o passado para trás e seguir em frente. Essa é a verdadeira natureza da lei justa do deus, pois quem a honra possui uma convicção indestrutível do propósito inteligente da vida. A falha em reconhecer Plutão pode corroer a nossa confiança e fé na vida, por causa do sentimento de que ela nos tratou de modo injusto. Quando nos apegamos de maneira muito possessiva às pessoas, às situações ou aos objetos para garantir poder, segurança ou nutrição emocional, podemos perceber a lei irrevogável de Plutão como um tipo de violação. No mito, ele é de fato um estuprador, que se aproveita da jovem virgem Perséfone e a arrasta para o seu reino sombrio. Porém, no final, depois de ter provado a romã, ela opta por ficar. O sentimento de ser oprimido pela vida é vivido como algo selvagem e injusto apenas por quem é psicologicamente virgem e deseja permanecer eternamente infantil. A natureza da invasão de Plutão no nosso mundo diurno não é nem nociva nem cruel, visto que reflete uma necessidade interior. No mito, Perséfone passa de menina a mulher, tem um filho de seu senhor obscuro, e é livre para transitar entre os reinos superior e inferior. Essa imagem mítica de uma sabedoria e fertilidade criativa obtidas somente por meio do encontro honesto com as próprias profundezas da pessoa diz-nos por que os gregos e os romanos chamavam seu deus do mundo inferior por um nome que significa dispensador de riquezas. É por meio de Plutão que aprendemos a sobreviver em face da crise e a descobrir recursos verdadeiros dentro de nós.

Encostado languidamente em um sofá cravejado de ouro e joias, o senhor do mundo inferior não precisa nos perseguir, mas apenas se senta e aguarda, pois todas as coisas vivas cumprem seu período previsto de vida e, por fim, descem aos seus domínios. Em torno dele enrodilha-se a serpente que personifica o segredo das forças da natureza e os ciclos de morte e renovação. Com a mão direita, ele oferece a romã, símbolo da fertilidade. Pois todo fim gesta o futuro e libera força vital para que algo novo possa nascer do que tiver perecido.

PLUTÃO

O Ascendente
——— ASC ———

O surgimento do Sol a cada manhã parecia aos povos antigos uma encenação miraculosa do renascimento do deus Sol, depois de transitar pelos reinos subterrâneos. O momento mágico do nascer do Sol é, portanto, associado, na mitologia, à renovação e à liberdade das trevas que aprisionam, e o horizonte oriental é o portal físico para o futuro, onde a esperança nasce outra vez. O símbolo do Sol nascente promete a oportunidade de refazermos o passado, corrigirmos velhos erros, encontrarmos um novo entusiasmo e acreditarmos mais uma vez nos nossos sonhos. A "esperança", escreveu Alexander Pope, "é eterna no coração humano". Essa fé inabalável num futuro que nós mesmos podemos tornar melhor é um dos maiores recursos humanos, e permite-nos livrar-nos da dor e da decepção do passado. O Ascendente, na simbologia astrológica, é aquele ponto no horizonte da Terra que fica exatamente a leste do local do nascimento. Esse ponto oriental é a corporificação do Sol nascente. Devido à rotação diária da Terra sobre o seu eixo, o círculo do zodíaco parece girar em torno de nós a cada 24 horas, e um dos doze signos do zodíaco se ergue no horizonte oriental de acordo com a data e a hora do nascimento. Esse signo ascendente dá colorido às portas pelas quais nós, do mesmo modo que o Sol, entramos neste mundo. Ele retrata nosso modo básico de autoexpressão a cada vez que nos encontramos diante de uma situação nova, ou sempre que precisamos impor nossa identidade ao mundo exterior.

O Jano romano, de duas cabeças, era o deus dos começos. Ele presidia a madrugada e oferecia sua proteção a todos os novos empreendimentos.

A posição do Sol no horóscopo reflete nosso anseio básico por nos expressar; o Ascendente, a porta solar para o plano terreno, descreve como expressamos esse anseio aos outros e ao nosso ambiente imediato.

No plano psicológico, o Ascendente é a fronteira entre o nosso mundo interior e o exterior. Sempre que o Sol, a Lua e os planetas são posicionados no mapa astral de um indivíduo, eles só podem mostrar suas energias e impulsos por meio da porta do Ascendente. Na mitologia romana, todas as passagens e portas, visíveis e invisíveis, estavam sob o domínio do enigmático deus Jano, de duas caras, que olhava para a frente e para trás, e presidia todos os futuros, porque eles são reflexos do passado. As portas não são apenas espaços físicos pelos quais passamos, mas definem territórios estanques e simbolizam a ligação entre uma realidade e outra. A fronteira psicológica entre nós e os demais é invisível, mas tão real e eficaz como um muro de pedra. Falamos que nos sentimos "murados" quando não podemos nos comunicar, e que "abrimos a porta" a fim de convidar outra pessoa para o domínio particular dos nossos sentimentos e sonhos. O Ascendente é a expressão exterior do indivíduo, a porta através da qual todos os planetas – em seus diferentes signos zodiacais – passam de dentro de nós para o mundo exterior. Por meio dele, temos uma visão do mundo e agimos de acordo com o que vemos. Outros nos veem também, quando estamos nesse portal misterioso, e respondem de acordo com o que revelamos de nós mesmos. Embora nem sempre estejamos conscientes de como tonalizamos a vida com nossas próprias cores subjetivas, carregamos conosco certas suposições e preconceitos que afetam o modo como expressamos os vários impulsos refletidos pelos planetas dentro de nós. O Ascendente é o ponto de contato entre nós e o mundo, e o deus Jano de duas cabeças é uma imagem vívida da forma misteriosa com que a nossa visão de mundo é modelada, não pela experiência, como preferimos pensar, mas pelas nossas imagens preexistentes de como o mundo parece ser.

Somos na verdade seletivos, tanto em nossas lembranças do passado quanto na nossa receptividade com relação ao futuro, de acordo com a natureza desses portais mais pessoais. Inconscientemente optamos por atribuir importância às experiências que irão validar a visão de mundo que carregamos secretamente dentro de nós. Por meio do Ascendente, criamos nossa própria realidade de acordo com a maneira como percebemos e reagimos aos eventos e às pessoas do mundo exterior. Para expressar o Ascendente de modo mais criativo, precisamos reconhecer como a visão altamente subjetiva da realidade nos faz interpretar a vida e reagir a ela de certas maneiras características. A realidade objetiva pode existir, mas está fora do nosso alcance, visto que tudo o que percebemos é interpretado pelo nosso modo de ver. Tendemos a presumir que todo mundo vê as mesmas coisas que nós, mas nem mesmo o mais simples objeto é visto da mesma forma por duas pessoas – verdade que é demonstrada pela antiga metáfora do copo d'água (está meio cheio ou meio vazio?). A descoberta da presença e do poder das nossas convicções profundamente arraigadas sobre a vida pode exigir considerável coragem e honestidade, visto que é mais fácil e mais simples acreditar que a vida e as outras pessoas são do jeito que pensamos que são. Não só interpretamos as atitudes e motivações das outras pessoas de acordo com o nosso Ascendente, como, ao longo da vida, construímos um quadro do mundo que determina como comunicamos nossas crenças, nossa moral e nossos ideais.

Não podemos sair pela nossa própria porta e nos tornar outra pessoa. Mas podemos reconhecer e respeitar as diferenças de perspectivas entre nós e as pessoas com outros Ascendentes. Compreender o enorme poder que as nossas atitudes subjetivas exercem sobre o tipo de vida que criamos para nós mesmos é um dos grandes segredos da paz interior. Se vemos a vida como um campo de batalha em que só os fortes sobrevivem, iremos abordar os outros com agressividade, provocando a mesma agressão neles, e tendo que lidar com as consequências. Se nos sentimos então amargos e irritados porque as pessoas não nos tratam gentilmente, quem afinal é o maior responsável? Mas se encaramos a vida com um espírito de otimismo, acreditando que existem novas oportunidades a cada esquina, vamos reagir rapidamente e com entusiasmo a qualquer nova possibilidade que possa nos ajudar a crescer e a expandir nossa vida. Como estamos preparados para seguir nossos palpites e intuições, podemos parecer mais sortudos que nossos companheiros. Mas isso é mesmo sorte ou é uma atitude diante da vida que acaba por criar a nossa própria sorte? Há um grande mistério oculto no Ascendente do horóscopo de nascimento, porque ele detém a chave para explicar por que repetidamente acabamos vivendo certos tipos de experiência. Jano, o deus dos portais, é uma poderosa imagem mítica que retrata a maneira misteriosa pela qual as realidades interiores e exteriores espelham umas às outras, possibilitando-nos uma profunda compreensão dos mecanismos do que chamamos destino.

---------- ASC ----------

Jano, o deus dos términos e dos inícios, das partidas e dos retornos, e o guardião de todas as portas e passagens, sonda os segredos da nossa alma e contempla o Sol nascente que ilumina o mundo exterior e os potenciais do futuro. Todas as experiências externas que compõem a nossa vida precisam passar pelo olhar atento desse deus e por seu julgamento, e todas as coisas que emergem de dentro de nós precisam resistir ao seu escrutínio e obedecer às suas leis, antes de se aventurar para fora, rumo à luz do dia.

---------- ASC ----------

O ASCENDENTE

PARTE DOIS

OS QUATRO ELEMENTOS E OS SIGNOS DO ZODÍACO

O elemento Fogo

Na mitologia, as energias vivificantes e destruidoras do Fogo representam o poder criativo bruto da divindade. Zeus e Thor lançavam seus raios flamejantes pelos céus como um emblema da sua regência, e o brilho resplandecente dos deuses solares dava vida e calor ao céu e à terra. As divindades do Fogo, na mitologia, eram capazes de criar um universo a partir do nada – uma imagem potente do poder misterioso que os seres humanos têm para criar a realidade exterior a partir da magia da imaginação. Os deuses do fogo também podiam ser terríveis. Quando Zeus cortejou a princesa mortal Sêmele, ele lhe apareceu como uma essência ígnea que a fez arder até virar cinzas. O Fogo também simboliza o caos que existia antes da criação, e foi compreendido por filósofos gregos, como Heráclito, como a substância primordial de que o cosmos foi feito. O Fogo também era adorado na Pérsia antiga, como a face visível de Deus e a fonte de toda bondade. E o Fogo estava ligado à criatividade artística na figura do deus grego Hefesto, conhecido pelos romanos como Vulcano, que, como ferreiro e artesão divino, construiu a sua forja sobre o fogo ardente de um vulcão e criava objetos de beleza e poder para todos os outros deuses.

No nível psicológico, o elemento Fogo simboliza o poder da imaginação – caótico, sem forma, mas detentor de uma potência inigualável –, que oferece àqueles preparados para trabalhar com ele o poder de gerar a realidade a partir do eu interior. A imaginação e a visão são os mais misteriosos de todos os atributos humanos, permitindo-nos transcender os limites materiais e criar um futuro que contenha possibilidades maiores do que o presente e o passado. A imaginação também pode, como o fogo, tornar-se uma força destrutiva, pois é por meio das fantasias grandiosas dos ditadores que as visões de dominação global são formadas e postas em prática. Os nossos sonhos sobre o futuro podem ser tanto benéficos quanto destrutivos, levando não só à criação de uma realidade melhor, como também à ruína do que construímos ao longo de muitas eras. O poder da imaginação é um componente fundamental de qualquer esforço artístico. Também tem uma associação profunda com o que chamamos de sentimentos religiosos, pois todas as buscas espirituais envolvem o reconhecimento imaginativo de uma realidade maior do que aquela que nossos sentidos podem perceber. Por isso os deuses do Fogo são símbolos de um poder criativo maior em ação no universo, e refletem nossas aspirações rumo a um estado espiritual que transcende os limites da existência mortal.

Os três signos do Fogo do zodíaco são Áries, Leão e Sagitário, todos detentores da vitalidade e do poder de imaginação do Fogo. Mas a capacidade individual para expressar esses signos dinâmicos de maneira produtiva depende muito da disposição para reconhecer a realidade e a importância da imaginação. Qualquer planeta que esteja num dos signos de Fogo, na hora do nascimento, buscará se expressar com a cor, o drama e a intensidade dos deuses míticos do Fogo. Uma pessoa cujo mapa revela muitos planetas no elemento Fogo, mas que tenha circunscrito sua vida de modo a reprimir ou entorpecer a natureza espirituosa e impressionante desse elemento, pode se sentir extremamente frustrada e infeliz sem saber por quê. Esse represamento da força vital criativa pode causar um profundo ressentimento e uma raiva inconscientes. Assim como o fogo físico pode ser utilizado, mas não forçado a assumir formas rígidas, a inspiração criativa pode ser contida e direcionada, mas não pode ser forçada por meio da coerção consciente. O grande escultor Michelangelo uma vez disse que não esculpia estátuas – ele libertava da pedra a beleza e o poder inerentes a ela e que lutavam para se ver livres. Embora os signos que pertecem ao elemento Fogo possam demonstrar uma notável impaciência com os limites terrenos, e tenham às vezes de arcar com as consequências da sua negligência, sua força está no poder da imaginação para transformar esses limites, de modo que o mundo exterior seja preenchido pela magia do seu mundo ígneo interior.

Áries
— ♈ —

O signo de Áries começa o ciclo do zodíaco no equinócio vernal e sua natureza reflete a energia bruta da primavera, quando no hemisfério Norte novos brotos irrompem da terra e o mundo natural começa a sair do seu sono de inverno. Na mitologia, o espírito pioneiro do primeiro dos signos de Fogo é refletido por Amon, o Deus egípcio com cabeça de carneiro, criador autocriado de todos os outros deuses. A natureza combativa e heroica de Áries é retratada na história do Velocino de Ouro, o tesouro procurado pelo herói grego Jasão e seus Argonautas, durante uma longa e difícil jornada. No próprio Jasão –, ele mesmo uma figura valente e inspirada, mas às vezes temerária –, podem-se ver tanto as melhores quanto as piores qualidades de Áries. Na verdade, muitas das imagens arquetípicas dos contos heroicos – rivalidade com um rei, luta com um dragão, resgate de uma donzela em perigo – descrevem diferentes facetas da figura do cruzado e campeão que incorpora a abordagem básica de Áries com relação à vida. Regido pelo planeta Marte e imbuído do vigor do deus da guerra, Áries começa a grande jornada anual do Sol com um ressoar de trombetas e um apelo apaixonado aos exércitos. A visão e o entusiasmo ainda não estão contaminados pelas desilusões mundanas, e a energia é expressa em rajadas ferozes. Nenhum desafio é grande demais, ne-

As esfinges com cabeças de carneiro em Luxor, no Egito, simbolizam o poder bruto do deus criador Amon, autoengendrado e pai de todos os outros deuses.

nhum obstáculo é intransponível, nenhum rival é poderoso demais para fazer Áries desistir da batalha.

A paisagem de Áries é turbulenta: um dia hostil e tempestuoso no início da primavera, quando novos brotos estão prontos para florescer e o céu mutável reflete a energia instável da transição sazonal. Existe uma violência nessa paisagem interior, mas ela reflete a feroz urgência da natureza e não tem intenções malévolas ou destrutivas. T. S. Eliot escreveu no poema "A Terra Desolada" que abril é "o mais cruel dos meses, germinando lilases da terra morta (...) avivando agônicas raízes com a chuva da primavera". A força cega necessária para gerar a vida a partir do solo duro do inverno pode ser vislumbrada enquanto os vendavais de primavera arrancam as árvores da terra e todo o mundo natural parece rasgado pelas contrações de um gigantesco nascimento. Na paisagem de Áries, nenhum nascimento é possível sem esse cataclismo da natureza, e é inevitável que esse signo busque ou gere conflito como um prelúdio de qualquer aventura criativa. A natureza impetuosa e fálica da energia de Áries, expressa nos níveis mental, emocional ou físico, não se limita apenas aos homens, mas é igualmente poderosa e vital nas mulheres. É o desafio irresistível do começo difícil e da luta revigorante pela conquista que entusiasma Áries e suscita sua maior coragem e visão. O solitário cavaleiro errante, buscando novas contendas e novas causas para defender, é a personificação do espírito questionador de Áries, que inevitavelmente buscará liderar em vez de seguir, e prefere lutar sozinho a comprometer o poder da visão interior.

No nível cotidiano, o signo de Áries pode expressar inquietação, visão, iniciativa, coragem, impaciência e raiva explosiva em face da frustração. Quando esse signo é enfatizado na carta natal, existe uma necessidade profunda de lutar contra a vida e sentir a própria força e poder por meio da luta, da competição e da realização de novos objetivos. Mas às vezes a pessoa cujo horóscopo reflete uma ênfase em Áries pode achar difícil expressar a energia inquieta e dinâmica desse signo. Isso talvez esteja ligado a experiências na infância que podem ter diminuído a autoconfiança e causado medo e dúvida em seu despertar. No entanto, mesmo quando não tem válvulas de escape, a natureza forte e vigorosa da energia de Áries não tolera repressão contínua. Pode vir à tona por meio de ataques de temperamento explosivo, períodos de depressão que mascaram uma grande raiva ou sintomas físicos que traduzem sua frustração emocional e criativa por meio de dores de cabeça repetitivas ou outros sinais de desespero profundo. A feroz energia ariana precisa de canais pelos quais o nativo possa superar desafios e ter a oportunidade de tentar ideias novas e inovadoras. Sejam esses canais intelectuais, emocionais, físicos ou imaginativos, é importante que aqueles em cujo mapa esse signo é forte deem bastante espaço em suas vidas para o espírito de pioneirismo. No nível prático, pode ser mais sábio para aqueles com ênfase em Áries lutar pela independência num campo do trabalho que lhes dê liberdade para tomar as próprias decisões e explorar novos territórios.

Os planetas em Áries expressam suas energias e impulsos com ímpeto, drama e impulsividade. O desejo de ser o primeiro e o melhor é natural em Áries, e para expressá-lo, a pessoa precisa ser capaz de enfrentar a competição e tolerar a crítica e a inveja dos outros. Quanto mais sóbrio e estruturado for seu estilo de vida, mais o indivíduo ariano se sentirá sufocado, entediado, zangado e frustrado. Esse signo também tem uma certa inocência que é tanto nobre quanto uma desvantagem, pois a vida é vista com o frescor e o idealismo imaculado da juventude. O idealismo de Áries – seja ele romântico, político ou o reflexo de uma visão de mundo – introduz mito e magia na vida, e é um dos maiores recursos desse signo. No entanto, também pode ser difícil para o ariano lidar com as dimensões fracas da natureza humana e os limites inevitavelmente frustrantes do mundo terreno. A tirania inexorável do tempo é o maior inimigo de Áries, pois sua impulsividade é capaz de levá-lo a presumir que qualquer coisa imaginada ou desejada pode se transformar em realidade agora, não posteriormente. A espera é difícil para Áries, e a realização de todas as tarefas fatigantes necessárias para tornar sua visão concreta pode ser uma prova de fogo para a sua dose já exígua de paciência. Áries não é nem preguiçoso nem incapaz de disciplina. Mas a impaciência e um tipo de sublime arrogância podem fazer com que a pessoa abandone sua meta antes de atingi-la, por causa da sua incapacidade de esperar que as coisas sigam seu próprio ritmo. O carneiro de sangue quente é uma imagem apropriada para o instinto combativo expresso por qualquer planeta posicionado em Áries. A rivalidade e o ciúme podem causar muitos problemas para o ariano em sua vida pessoal, e muitas vezes o objeto mais desejado do seu amor é aquele que já pertence a outro alguém. O coração ígneo desse signo, porém, é transparentemente nobre e não contém nem malícia nem rancor – não mais do que se pode atribuir malícia ou rancor à força vital turbulenta do início da primavera.

♈ ÁRIES ♈

― ♈ ―

Na paisagem de Áries, dois carneiros chocam seus chifres numa competição feroz pela supremacia masculina, tendo como pano de fundo um céu ardente e turbulento de início de primavera. Os carneiros, como muitos arianos, lutam compulsivamente e não toleram dividir seu território. Nesse cenário tempestuoso, a terra ainda não veio à vida depois do sono do inverno, mas a promessa de crescimento pode ser vislumbrada nos rebentos verdejantes que brotam do solo. Numa colina distante, uma rocha solitária mostra sua silhueta fálica contra o firmamento, símbolo do poder do céu de revivificar a terra receptiva abaixo dele.

― ♈ ―

Leão
— ♌ —

O leão tem muitas faces na mitologia, que vão desde a mais vingativa e selvagem até a mais nobre e régia. Em Leão, o segundo signo de Fogo, o poder criativo do fogo é mantido e concentrado, produzindo um egocentrismo feroz ou o radiante e generoso calor do Sol, que é o regente desse signo. No Egito, a deusa de cabeça de leão, Sekhmet, conhecida como o Olho de Rá, simbolizava não apenas a presciência, mas também a ira terrível do deus solar quando sua vontade era desrespeitada. A fúria do leão frustrado se reflete nessa deusa antiga, pois nesse signo a convicção intuitiva de um destino único pode produzir não só uma grande visão, mas também um grande orgulho e teimosia. O leão de Nemeia, que Hércules derrotou, também é um símbolo da intensidade leonina que, irreprimida pela razão humana, pode passar por cima de qualquer coisa ou de qualquer um que estiver no seu caminho. Depois da batalha, no entanto, Hércules usou a pele do leão como seu escudo, sugerindo que o senso poderoso de destino pessoal do Leão pode ser fonte de imensa força e criatividade. A grande deusa terrena de Anatólia, Cibele, era invariavelmente retratada ao lado de um par de leões, refletindo a potência criativa da própria natureza. Embora selvagem, o leão na mitologia é sempre nobre, nunca

A batalha entre Hércules e o leão de Nemeia reflete a luta entre a consciência e o poder destrutivo da vontade desenfreada.

vil como o chacal ou traiçoeiro como a cobra. Mesmo em suas versões mais primitivas, esse signo possui uma magnanimidade que o eleva acima das dimensões mesquinhas da natureza humana. A visão criativa de Leão é nada menos do que a convicção na divindade interior da pessoa que exige expressão por meio de uma vida marcada por um estilo individual único.

O cenário de Leão é um palco glorioso e extravagante. Não existem casas geminadas enfileiradas em ruas suburbanas sem graça, pois só os mais nobres dos palácios o satisfarão. As tendências automitológicas de Leão são tão infantis quanto nobres, contribuindo para intensificar o egocentrismo assim como a devoção sincera a qualquer pessoa ou coisa que ele ame profundamente. O indivíduo cujo mapa demonstra uma ênfase nesse signo precisa, acima de tudo, acreditar que pode oferecer à vida algum dom individual que reflita um destino especial. O potencial criativo de Leão não é limitado pelo trabalho artístico, pois a pessoa pode ser criativa simplesmente vivendo sua vida com prazer, estilo e autenticidade. A lealdade é extremamente importante para o leonino, pois é esse valor que lhe proporciona coragem para expressar uma visão individual, às vezes solitária. A necessidade de Leão por uma plateia que o admire pode ser um meio de mitigar feridas interiores, pois quando lhe falta autoestima, ele pode buscar atenção e aprovação constantes para se sentir amado. O indivíduo cujo mapa tem uma ênfase em Leão pode se esforçar de várias maneiras para ser notado, o que é capaz de fazê-lo parecer exigente e voluntarioso. Paradoxalmente, o mais individualista dos signos muitas vezes sofre com uma profunda falta de confiança em si, pois qualquer afirmação genuína de um destino especial implica separação da segurança do coletivo, e pode resultar num sentimento de isolamento e desamor.

No nível cotidiano, a intensidade feroz de Leão pode ser expressa pela devoção e pelo comprometimento profundos aos entes queridos, e a um ideal criativo. Como o Sol, o indivíduo fortemente leonino pode inconscientemente perceber os outros como planetas orbitando em torno do centro brilhante da sua própria vida. Também como o Sol, Leão dá luz e calor instintivamente a esses satélites, não medindo esforços para fazê-los felizes. Pode, no entanto, ser difícil para a pessoa com forte ênfase nesse signo aceitar plenamente as outras pessoas como entidades separadas, com seus próprios valores e sonhos. Por essa razão, Leão pode muitas vezes se sentir traído e irado quando um parceiro, filho, amigo, pai ou irmão reivindica o direito a uma vida independente. Não se trata simplesmente de possessividade, mas do reflexo da tendência leonina para interpretar o amor de maneiras extremamente idealizadas. Esse sentimento não brota de um coração cruel, mas de um anseio para fazer a vida e as outras pessoas à imagem do que a vida lhe parece ser. Para Leão a vida precisa imitar a arte e, se a imitação é falha, então ela precisa ser melhorada – mesmo que isso signifique tentar mudar as outras pessoas de modo que elas se moldem à sua gloriosa visão interior. As dificuldades de Leão no relacionamento não resultam da insensibilidade ou da falta de amor, mas do sonho de um mundo mais bonito e grandioso. Se esse sonho for traduzido num esforço criativo, em vez de ser imposto sobre os outros, a contribuição de Leão à vida pode ser imensa e duradoura.

Os planetas em Leão expressam as suas energias e impulsos com dignidade, drama, intensidade e algo da emocionalidade exarcebada de uma encenação teatral. A banalidade e a torpeza são os maiores inimigos de Leão e o indivíduo cujo mapa reflete uma ênfase nesse signo precisa de um grande palco onde atuar. Por mais limitada que seja a sua vida, ele precisa encontrar tempo para descobrir talentos e interesses pessoais. Negar a Leão essas válvulas de escape pode acabar em depressão – e às vezes num comportamento excessivamente manipulativo –, pois a atenção das outras pessoas se torna uma necessidade desesperadora. A ânsia de Leão pelo dramático pode ser expressa por meio de grandes ideias, projetos criativos, roupas ou um estilo pessoal excêntrico. Também pode ficar evidente na sua habilidade para fazer tudo com estilo e originalidade, o que faz com que ele brilhe mesmo realizando tarefas chatas e repetitivas no trabalho. Pelo fato de o coração e a alma de Leão serem essencialmente infantis, aqueles em cujo mapa Leão é proeminente são muitas vezes maravilhosos com as crianças. Eles podem incentivar os potenciais dos jovens com generosidade e entrar num mundo de fantasia infantil sem condescendência ou criticismo. Se o mundo interior de

Leão for afligido com a dúvida em relação a si mesmo, esse espírito maravilhosamente infantil pode se tornar infantilizado também e a busca incessante pela plateia deliciada se inicia. Então o leão ferido passa a buscar nas outras pessoas a aprovação que, na realidade, só é satisfatória quando encontrada dentro de si mesmo. Seja a plateia a própria família de Leão, os colegas de trabalho, os amigos ou o mundo inteiro, ela se torna indispensável para que ele possa receber transfusões regulares de amor. Mas se essa potente energia criativa se libertar por meio do poder de cura do amor por si, Leão conquista o dom mágico de transformar uma cabana humilde num palácio suntuoso e uma existência humana comum num conto de fadas cheio de beleza, nobreza e alegria.

♌ LEÃO ♌

---- ♌ ----

O Leão se mantém numa postura cerimonial, anunciando ao mundo que o domínio sob sua guarda é nobre e mágico, e que o devido respeito deve ser demonstrado por aqueles que desejam entrar. O sol quente de verão brilha sem trégua nas torres de um palácio de contos de fadas, cujas cúpulas douradas espelham a cúpula dourada do céu, e cujos aposentos ricamente adornados podem ser a morada de um poeta, de um rei, de uma princesa ou de uma criança divina. A paisagem de Leão não reflete nenhuma vegetação, pois esse mundo não está sujeito aos ciclos terrenos das estações. Ele brota da imaginação, e é construído pelos devaneios enganosos da fantasia romântica e pelas aspirações do coração humano.

---- ♌ ----

Sagitário
— ♐ —

Sagitário, o último dos signos de Fogo, coincide com a escuridão crescente dos primórdios do inverno. Quando a paisagem se torna mais severa e o ano se aproxima do fim, a atividade externa se reduz e o mundo da imaginação ganha vida. O signo de Sagitário está associado ao centauro mítico, cujas origens remontam à Babilônia e que se reflete na figura de Quíron, no panteão dos deuses planetários. A dualidade do centauro se mostra na natureza contraditória do signo, pois tem tanto o vigor natural e o poder do cavalo quanto a visão inspiradora do espírito humano. O nome Sagitário vem de *sagitta*, flecha, em latim. A flecha do centauro, voando em direção a um alvo distante, é uma imagem da sua busca por maior entendimento, não só da sua própria ferida mítica, mas também de um universo em que os deuses são justos, embora o sofrimento e a morte ainda façam parte da vida de todos os seres. Metade animal e metade divindade, o centauro personifica o paradoxo do animal humano cujos instintos poderosos e potencialmente destrutivos são norteados pelas esperanças, ideias e uma visão de mundo que reconhece o caráter sagrado da vida. Na mitologia, os centauros podem ser arruaceiros e incontroláveis, especialmente quando embriagados. No entanto, a seta de Sagitário no céu mira diretamente

A batalha mítica entre os centauros e os Lápidas descreve o eterno conflito entre os instintos básicos e os ideais da sociedade civilizada.

o coração de Escorpião, indicando assim que a visão expandida do centauro pode iluminar as paixões humanas mais sombrias, que nos levam à destrutividade cega.

O cenário de Sagitário é uma estrada sem fim, na qual a lenta jornada rumo ao entendimento nos leva dos domínios limitados do nosso lar, da nossa família e das cercanias da nossa casa para um mundo mais amplo, onde descobrimos as semelhanças entre pessoas desiguais e os princípios unificadores que se mantêm secretamente sob a diversidade superficial da vida. Inquieto e sempre em movimento, o centauro é um eterno peregrino para quem a viagem é muito mais interessante do que a chegada a seu destino. O espírito de Sagitário, aventureiro e eternamente otimista, avança ligeiro em sua busca por qualquer possibilidade futura que pareça maior e melhor do que o presente. A flecha do centauro também sugere aqueles lampejos de compreensão intuitiva que nos ocorrem inesperadamente e depois se desvanecem, fazendo-nos persegui-los na esperança de capturar um pouco da sua verdade fugidia. Depois que um objetivo é atingido – seja ele material, emocional, intelectual ou espiritual –, a empolgação diminui e só uma possibilidade nova e ainda mais fascinante pode avivar outra vez as chamas da inspiração. Impaciente com o tempo e com os limites mundanos, a natureza expansiva de Sagitário se mostra em sua melhor forma quando ao menos uma porta para o futuro se mantém sempre aberta. Nada é tão destrutivo para o seu entusiasmo pela vida do que a existência restrita, sem oportunidades de crescimento e exploração de novas ideias. Uma educação ampla – mesmo que autodidata – é, portanto, essencial para aqueles em cujo mapa esse signo é enfatizado. O peso morto que representa o excesso de responsabilidade prática cedo ou tarde encaminhará o centauro para o conflito – emocional e intelectual, quando não físico. Igualmente importante para Sagitário é a necessidade de comunicar ideias e inspirar as outras pessoas. A figura de Quíron, o sábio mestre da mitologia, nos diz que Sagitário encontra significado e alegria ao compartilhar seu conhecimento e pontos de vista.

No nível cotidiano, Sagitário tem muito da vitalidade e da expectativa otimista da juventude. Aqueles em cujo mapa esse signo é forte tendem a abordar a vida como se toda experiência fosse temporária – um tipo de ensaio antes do fato real. Com um otimismo incorrigível, eles percebem o mundo como um imenso parque de diversões, no qual tentam novas experiências, pois Sagitário tem a profunda convicção de que sempre haverá tempo para corrigir erros e criar um futuro melhor. Sagitário, portanto, tem o dom de extrair importantes lições das mais dolorosas experiências, sem sofrer com o veneno da amargura pessoal, pois os eventos infelizes se tornam parte de um passado que se assemelha a uma história contada ao pé do fogo – transformado ao ser narrado, de modo que seu significado se revela, enquanto a lembrança da dor se esvai. Sagitário é tradicionalmente associado à sorte, mas essa sorte do centauro na verdade é fruto da sua capacidade de intuir oportunidades e tirar vantagem delas com um espírito otimista que, mais cedo ou mais tarde, se justifica. A capacidade de explorar situações promissoras que podem passar despercebidas aos outros é uma das características fundamentais do signo. Entretanto, por mais oportunista que Sagitário possa ser, ele não é nem frio nem calculista. A ambição material é raramente um objetivo em si, mas um meio de comprar a liberdade para buscar mais sabedoria e mais sonhos gloriosos.

Os planetas em Sagitário expressam suas energias e impulsos de maneira inquieta, entusiasmada e dramática. O regente planetário desse signo é Júpiter, e em consonância com esse volátil rei dos deuses, o espírito sagitariano requer muito espaço onde possa transitar e progredir. O mais fluido de todos os signos de Fogo, Sagitário não tolera confinamento numa jaula, nem se ela for inteligentemente disfarçada como uma bela casa e um emprego seguro. Convenções sociais e morais ilusórias também podem impulsionar o centauro rumo à rebelião, pois embora Sagitário tenha um senso profundo do propósito oculto da vida, as intensas indagações morais desse signo são extremamente pessoais e intolerantes com relação à comum e variada hipocrisia humana. Como os centauros do mito, Sagitário também pode chegar à fúria caso a pressão do dia a dia se torne grande demais e a magia de territórios distantes lhe pareça convidativa. Como o fogo é o elemento da imaginação criativa, aqueles cujo mapa enfatiza esse signo se adaptam melhor a uma vida que lhes proporcione constantemente oportunidades para variar e explorar novas ideias. Isso não requer necessariamente uma vida sem raízes ou instável, embora exista um toque cigano em toda alma sagitariana. Mas viagens frequentes – mentais e espirituais, se não físicas – são um ingrediente vital na vida do centauro. A eterna peregrinação de Sagitário pode se dar numa estrada interior, especialmente na última etapa da vida, e esse signo é associado à filosofia e à busca por uma visão de mundo inclusiva, que pode unir os fragmentos muitas vezes confusos da vida num todo cheio de significado. Se sua energia ígnea é expressa nos níveis interiores ou exteriores, não importa; para Sagitário é sempre melhor viajar com otimismo do que chegar ao seu destino.

↗ SAGITÁRIO

↗

*O centauro, carregando apenas seu arco e flecha, faz um intervalo em
sua jornada para vislumbrar a próxima parada, enquanto o sol
nascente ilumina a paisagem de inverno e promete novas esperanças
e possibilidades com o início de um novo dia. Só as silhuetas esqueléticas
das árvores podem ser vistas nesta paisagem, pois são as leis básicas
da vida que Sagitário busca, e não a sedutora diversidade
da sua superfície. Embora seja uma criatura das florestas e
das cavernas, o centauro, contudo, se dirige para os grandes
centros de habitação humana, pois compartilhar seu
conhecimento com as outras pessoas é uma dimensão
necessária da sua eterna peregrinação.*

↗

O elemento Terra

A Terra e tudo o que vive e cresce sobre ela foram retratados, na mitologia, como o corpo vivo de uma grande deusa. Os gregos a chamavam de Gaia, e esse antigo nome tornou-se novamente relevante como descrição do sistema ecológico intimamente integrado do planeta. A deusa da Terra personificava a força vital da natureza e oferecia paz e abundância àqueles que reconheciam e respeitavam a interdependência das coisas vivas, e as leis pelas quais elas cresciam, amadureciam e pereciam. A Terra é o mais denso de todos os elementos astrológicos, o que requer a intervenção humana para alcançar sua máxima produtividade, embora acabe obedecendo apenas às leis do mês lunar e do ano solar. O brotar da semente, o crescimento das colheitas, a terra erma do inverno que abriga secretamente uma nova vida foram todos retratados na mitologia como processos milagrosos dentro do corpo da deusa. Mas essa divindade terrena também podia ser perigosa, demonstrando sua ira através de terremotos e vulcões, e produzindo nada mais do que areia árida e pedra, caso ficasse zangada com as impropriedades do ser humano. O reino animal também era seu domínio, retratando em suas múltiplas formas a espantosa engenhosidade criativa e a inteligência da força vital oculta na matéria. O mesmo pode-se dizer do corpo humano, que nasce, cresce, amadurece e morre de acordo com as mesmas leis naturais que governam todos os seres vivos.

A paisagem de Touro, Virgem e Capricórnio, os três signos do elemento Terra, é rica, fértil e cheia de uma vida abundante e complexa. No entanto, suas cores sutis podem passar despercebidas ou serem subestimadas por aqueles de gosto mais exuberante. As cores da terra não contêm corantes artificiais, mas só aqueles que podem ser vistos no céu, na grama, nas árvores, nos lagos e na pedra. A Terra é o elemento dos cinco sentidos, e o mundo dos signos da Terra é tátil e extremamente sensual, cativando e envolvendo os nossos olhos, ouvidos, língua, nariz e pele. Os signos da Terra resistem a aspectos da vida que podem fazê-los cair na tentação de se afastar da solidez do mundo físico, e podem evitar experiências que os levem a se distanciar dos ritmos cíclicos das suas vidas. O caos imaginativo do Fogo não é meramente perturbador para os signos da Terra; às vezes é verdadeiramente aterrorizante. O movimento no mundo terreno é lento e medido, suave e governado pelos ciclos das estações. A Terra não gosta de ser apressada, pois tudo tem seu ritmo natural de amadurecimento, e a urgência pode destruir o delicado crescimento das coisas vivas. As erupções vulcânicas são infrequentes, demoram para acontecer, irrompem sob enorme pressão e nada as detém enquanto não esgotam sua energia. Os planetas no elemento Terra se expressam de maneiras sensuais, buscam resultados concretos e ancoram os impulsos humanos nas estruturas do mundo material.

No nível psicológico, o elemento Terra reflete a percepção dos sentidos e a sabedoria da experiência direta, obtida a duras penas. Aqueles em cujo mapa esse elemento é forte precisam saber que seus desejos podem ser concretizados, pois eles não baseiam suas esperanças, afeições ou recursos obtidos por meio de árduo esforço em fantasias e fragmentos de sonhos. Ser terreno significa ser forte o suficiente para enfrentar a vida como ela é, sem sentimentalismo ou ilusões. Ter os pés na terra significa ser prisioneiro de uma visão da vida circunscrita por limites físicos e que não permite sonhos ou centelhas de imortalidade. Os signos da Terra podem ser uma dessas coisas ou ambas. O indivíduo terreno precisa deixar alguma marca concreta neste mundo e sua autoconfiança só aumenta com a convicção de que a vida deve ser vivida de maneira proveitosa. Realista com relação aos limites pessoais, a Terra só se esforça para alcançar o que está ao seu alcance. Por meio do elemento Terra nós nos ligamos à beleza do mundo físico e ao prazer proporcionado pelo nosso próprio corpo. Também descobrimos o valor da disciplina, da ordem, da autoconfiança e da conservação dos recursos, pois a natureza recicla tudo e não desperdiça nada. O elemento Terra, simbolizado pelas divindades antigas que regiam a passagem das estações e os limites inalteráveis da lei natural, confere os dons inestimáveis da paciência e da capacidade de saborear plenamente a vida como ela é, aqui e agora.

Touro
— ♉ —

O touro é um dos mais antigos símbolos da força e do poder de fertilização da natureza. Em todo o Mediterrâneo e no Oriente Médio, o touro era reverenciado como o consorte da deusa da Terra. Um retrato vívido desses rituais chegou até nós por meio dos afrescos da dança dos touros, tão belamente retratado em Cnossos, em Creta. A mistura de movimentos lentos e pacientes do animal com um poder terrível quando furioso resume as faces benigna e destrutiva das forças da natureza. O deus grego Posêidon, senhor dos terremotos, era cultuado na forma de um gigantesco touro negro, que vivia nas profundezas da Terra e sacudia o solo quando batia os cascos furioso. Os touros também figuram como a ruína dos heróis em muitos mitos, e nenhum é mais perturbador que o Minotauro, com cabeça de touro e corpo humano, que vivia no centro do Labirinto e se alimentava de carne humana. Nesse mito, as forças brutas da natureza são vistas como inimigas da vontade heroica, pois as compulsões instintivas erodem a autoconfiança e corroem a capacidade de dirigirmos a nossa vida. Nos

O deus romano Mitras sacrificou o touro terreno primordial de modo que seu poder pudesse ser transformado e canalizado para intensificar a vida humana.

mistérios mitraicos do final do Império Romano, o touro torna-se um símbolo claro das paixões humanas primitivas, que precisam ser sacrificadas a fim de que se abra a porta para um nível de consciência superior. Buda, de acordo com a lenda, nasceu sob o signo de Touro, e a imagem de se domar o touro figura em muitos contos budistas. O Touro, na mitologia, incorpora tanto o poder criativo da Terra quanto o eterno desafio dos instintos para a vontade e o espírito humano.

A paisagem de Touro irrompe com a beleza luxuriante do final da primavera, quando toda a natureza se ocupa com a procriação. Na Europa ocidental e na América do Norte, ainda se reverenciam inconscientemente os ritos antigos de fertilidade praticados diante de grandes monólitos. Erigimos um inocente e belo Mastro de Maio – um símbolo evidente da potência fálica da Terra. Até escolhemos uma Rainha de Maio, que em períodos pré-históricos era sacrificada às divindades terrenas todo ano, para garantir a fertilidade das colheitas. No cenário taurino, os campos são verdejantes, as árvores frutíferas estão em plena floração e zumbindo com o som das abelhas polinizando as flores, e os pássaros e os animais realizam sua extraordinária variedade de rituais de acasalamento. No mundo de Touro, nada acontece apressadamente; a semente é plantada, mas precisa amadurecer no seu próprio ritmo. Não se pode parar na frente de uma planta e ordenar que ela cresça, como também não se pode comandar alguém em cujo mapa esse signo é forte, ou exigir que se apresse. Não se pode pressionar o touro, pois ele come, dorme e se acasala de acordo com seu ritmo natural, mesmo que o fazendeiro anseie por um pouco mais de ação. O mundo taurino é sensual e indolente, embora sob a superfície se encontre o imenso poder da própria terra, que flui de acordo com um ritmo antigo e eterno, sem nunca correr ou se esgotar. Para muitos jardineiros, a paisagem de final de primavera é a mais bela de todas, pois sua paz tem a fragrância do poder oculto e o senso de futuro promete brilho em todo o seu desabrochar passageiro.

No que se refere ao cotidiano, a energia gentil e pacífica de Touro é expressa por meio de qualidades como a paciência e a capacidade de esperar que as coisas amadureçam. Embora o touro seja um animal de grande poder, isso pode passar despercebido por quem o vê tranquilo, mascando a grama. O forte indivíduo taurino pode muitas vezes ser subestimado por temperamentos mais voláteis, porque ele não faz alarde dos seus talentos ou habilidades até que seja oportuno utilizá-los. Muitos jovens com ênfase em Touro no seu mapa podem demorar um longo período para escolher seu caminho na vida, pois esse signo prefere acumular experiência prática e construir algo permanente, em vez de tomar decisões prematuras que precisam ser revogadas mais tarde. A segurança material e a estabilidade são extremamente importantes para Touro, como também a necessidade de preservar as coisas que valem a pena na vida, mesmo em face do caos e da mudança. Touro não desiste facilmente, e, a menos que tenham uma alternativa melhor mais ou menos garantida, aqueles com grande ênfase nesse signo podem se recusar a abandonar um emprego seguro ou um relacionamento estável, mesmo que estejam profundamente infelizes. Touro pode ficar tão apegado às rotinas habituais e aos objetos que luta contra mudanças positivas simplesmente porque elas são novas. Os valores tradicionais são importantes para Touro, embora sua visão conservadora com relação à vida possa não se mostrar até que o tempo e a experiência tenham moderado seus ideais da juventude. A superfície tranquila e às vezes imóvel desse signo terreno é enganosamente simples. Uma enorme energia e tenacidade jazem por baixo dela, assim como a capacidade – como a própria natureza – de criar formas de grande beleza no mundo exterior.

Os planetas em Touro expressam sua energia e impulsos de maneira vagarosa, determinada, tenaz e às vezes inflexível. Portanto, esse signo pode não revelar suas qualidades mais criativas até o final da juventude. As pessoas com Touro forte no mapa podem aparentemente se desenvolver de maneira tardia num nível ou em outro, esperando até que seus valores estejam cristalizados e que haja segurança suficiente antes de se arriscarem num futuro desconhecido. A excitação por si só não é algo que interesse a Touro – seu resultado é que importa. Pelo fato de Touro possuir a qualidade muitas vezes subestimada do bom senso, os esforços criativos do signo geralmente causam um grande impacto sobre as outras pessoas, pois eles resultam da experiência, não de fantasias. A fúria taurina pode ser infrequente e demorar a chegar, mas uma vez desencadeada pode ser devastadora, pois geralmente é justificada. Felizmente, a face mais suave e gentil do touro se evidencia com mais frequência, e os planetas posicionados nesse signo – até o belicoso Marte – se expressam de modo mais lento e gentil. A estética corre nas veias de Touro, e ele muitas vezes tem grande sensibilidade para música, cores e formas. O desenvolvimento do gosto pessoal é profundamente importante para aqueles com ênfase nesse signo, pois é por meio das expressões práticas de individualidade que eles descobrem algo realmente estável e permanente dentro de si. Touro pode se expressar também por meio de um artesanato insuperável, particularmente na criação de objetos tanto úteis quanto bonitos. Mas o mais importante é que o primeiro signo de Terra possui a sabedoria para valorizar a vida cotidiana, encontrando experiências de beleza e harmonia que não requerem validação espiritual. Para Touro, o divino pode ser descoberto todos os dias, na Terra mais do que no céu.

♉ TOURO ♉

─────────────── ♉ ───────────────

Entre as colinas suaves e os campos verdejantes da paisagem de Touro, o gado se desloca em passos sem pressa, em sua dança de acasalamento.
As árvores estão floridas e as flores primaveris salpicam a grama, pois o gelo do inverno já se foi e até as criaturas mais frágeis podem se beneficiar do sol quente de primavera. Contra o céu claro se vê a silhueta de um antigo círculo de pedras, erigido na pré-história para celebrar os poderes férteis da terra e do céu e garantir a fecundidade dos campos.
Contanto que o touro não seja perturbado enquanto procura a satisfação dos seus desejos, este tranquilo cenário não tem nada que possa ameaçar a paz e a continuidade da vida.

─────────────── ♉ ───────────────

Virgem
— ♍ —

As deusas virgens da mitologia não eram virgens no sentido sexual. Na verdade, elas eram normalmente retratadas como mulheres sensuais e promíscuas. Em latim, a palavra *virgo* significa "solteira" ou "dona do próprio nariz", e não tem a conotação de pureza sexual, mas de autossuficiência, o que fazia essas divindades evitarem o papel de esposa. Como senhora de si mesma, a deusa virgem não pertencia a ninguém, e por isso agia apenas de acordo com a própria vontade, em vez de ser porta-voz ou consorte de uma divindade masculina. A deusa Astreia, cujo simbolismo foi explorado pela Rainha Elizabeth I como uma propaganda "cósmica" durante seu longo reinado, era conhecida pelos gregos e romanos como a defensora da justiça e da lei natural, além de presidir os ciclos ordenados da natureza. Ofendida pela crueldade e grosseria da raça humana, ela abandonou a Terra e se recolheu na abóbada celeste. Antes disso, deusas "virgens", como a sírio-fenícia Atargatis, não eram tão refinadas. Elas presidiam ritos orgiásticos, dispensavam favores por meio das prostitutas dos templos e personificavam o abandono fértil da natureza. Elas, no entanto, também eram virgens e se entregavam aos homens e aos deuses que as agradavam, em vez daqueles a quem deviam obrigações conjugais. A deusa virgem da natureza é um símbolo antigo da integridade inviolável da própria terra. Apesar das intermináveis violações e da exploração

A deusa romana terrena Ceres era retratada com uma coroa de espigas de trigo, refletindo sua fecundidade e sua autoridade sobre a agricultura.

abusiva dos seus recursos naturais, a Terra preserva seu mistério, poder e capacidade de autorrenovação.

A paisagem de Virgem é intrincada, ordenada e sutil, e tudo o que cresce e floresce dentro dela pode ser utilizado em benefício da vida humana. Aqui não existem dálias ou gladíolos berrantes, mas apenas ervas de folhas acinzentadas e plantas cujas raízes e flores podem ser transformadas em remédios para doenças e dores. Embora as deusas virgens da mitologia personifiquem o coração indomado da natureza, a terra, como elas, se dispõe a ser cortejada e cultivada – desde que o devido respeito seja demonstrado pelas suas leis. O conhecimento de como utilizar os poderes da Terra e dos ciclos de tempo e trabalhar em harmonia com eles é uma importante dimensão de Virgem, e reflete a simpatia profunda deste signo com relação à natureza, e não uma atitude de conquista ou posse. A intrincada tapeçaria da natureza, expressa por meio das características individuais de cada espécie, reflete-se na energia suavemente rítmica de Virgem – sutil, versátil e sempre em movimento. Se uma pessoa passa um período tranquilo em comunhão com o mundo natural, ela descobre que, até na quietude do inverno, existe uma atividade extraordinária em todo lugar. As minhocas cavam túneis na terra; os pássaros constroem ninhos; insetos de todo tipo se reproduzem, comem e morrem; a seiva se acumula dentro dos troncos e as flores de inverno irrompem em todo canto. A natureza nunca está parada, tampouco Virgem. A natureza é também, como Virgem, notavelmente eficiente. Se uma espécie prova ser inviável, ela simplesmente morre, como aconteceu com os dinossauros, e uma nova, mais bem adaptada, surge em seu lugar. A complexidade da cadeia da vida, cuja extraordinária interconexão só estamos começando a compreender, é também retratada na paisagem de Virgem, onde todas as espécies contam umas com as outras para cumprir seu ciclo de vida.

No que se refere ao cotidiano, a incessante atividade da natureza é refletida na necessidade virginiana de utilizar o tempo da maneira mais eficiente possível. Aqueles em cujo mapa Virgem é enfatizado precisam estar sempre em atividade, e suas energias e esforços são concentrados na tarefa de ordenar o seu mundo. A ávida aquisição de conhecimento e habilidades garante que o tempo não seja desperdiçado e os resultados sejam úteis e, se possível, benéficos às outras pessoas. Virgem é tão focado nos ritmos da vida cotidiana que às vezes é difícil, para as pessoas em cujo mapa esse signo é proeminente, erguerem os olhos acima dos rituais e rotinas do presente imediato para avistar horizontes mais amplos e serem inspiradas por eles. A engenhosidade e a versatilidade criativa de Virgem são imensas, e muitas vezes expressas por meio de uma variedade de talentos e capacidades. Mas esse signo pertence ao elemento Terra, e Virgem pode se sentir vagamente incomodado quando cria arte só por prazer. Os frutos do sofisticado trabalho artesanal de Virgem são muito provavelmente tanto funcionais quanto belos, e o primeiro atributo tem prioridade sobre o segundo. O antigo significado de *virgo* é evidente na antipatia profunda por se sentir compelido pelos outros e, apesar da maneira gentil e muitas vezes autodepreciativa, aqueles em cujo mapa esse signo é enfatizado têm uma necessidade intensa de privacidade e se ressentem com a invasão impensada de suas fronteiras pessoais. Como a deusa Astreia, que se recolheu no céu depois que achou a grosseria dos seres humanos intolerável, o refinamento de Virgem cria uma sensibilidade às vezes excessiva a qualquer tipo de coação ou brutalidade – inclusive às suas próprias emoções fortes. Por isso, uma ênfase em Virgem no mapa de nascimento pode se refletir num autocontrole rigoroso, e no medo de sentimentos que ameacem os padrões ordenados da vida.

Os planetas de Virgem expressam suas energias e impulsos de maneira sutil e contida. Até os planetas mais rebeldes, como Marte e Júpiter, tornam-se mais ordenados e bem comportados. Virgem possui inteligência, curiosidade e adaptabilidade, além de uma necessidade profunda de vivenciar e entender a ordem intrínseca da vida. Se uma pessoa fortemente virginiana se sente ameaçada pelo caos – seja interno ou externo –, ela pode tentar recuperar o controle por meio da análise lógica e da preocupação com os detalhes. Isso leva o signo de Virgem a ser considerado excessivamente crítico. No entanto, a atitude crítica pressupõe um ideal com o qual a realidade imperfeita é comparada, e esse signo de Terra é realista demais para impor tais ideais sobre a vida. O discernimento, porém, é a defesa habitual de Virgem contra o risco de ser esmagado pela vida, e a necessidade de separar o que funciona com eficácia do que é inútil ou um desperdício é uma maneira de restaurar a ordem no mundo. Alguns indivíduos com esse signo enfatizado podem descobrir que a sua necessidade de privacidade e autonomia causa sentimentos dolorosos de isolamento. No entanto, por causa da dificuldade deste signo para expressar vulnerabilidade, a necessidade de companhia pode ser demonstrada só por meio de alguma forma de serviço prático. A relação mítica entre a natureza indomada e os seres humanos que cultivam a terra é delicada e pode facilmente se desequilibrar. Virgem pode criar sua própria prisão graças ao medo da violação. No entanto, em sua melhor forma, este signo irradia a serenidade, integridade e criatividade das deusas antigas, que representavam símbolos poderosos da ordem e da sabedoria da própria Terra.

♍ VIRGEM ♍

♍

Contida pela simetria dos muros que a confinam, a paisagem de Virgem revela um jardim de grande complexidade e tranquila beleza, sob o sol do início do outono. Tudo o que cresce dentro dele é meticulosamente podado e cuidado com carinho, e toda planta contribui para o bem-estar da vida humana. As raízes brancas do acônito produzem uma pomada que alivia a dor nos músculos e nas articulações; as ervas culinárias espalham seu perfume no ar; a hera fornece abrigo e alimento para as abelhas que polinizam as flores.
Ervas daninhas úteis como a urtiga também têm seu lugar, e as pestes são combatidas não com venenos, mas com outras espécies que permitem que a cadeia da vida continue, ininterrupta, de acordo com as leis sutis da natureza.

♍

Capricórnio
— ♑ —

O bode é uma imagem profundamente paradoxal na mitologia. Uma cabra chamada Amalteia amamentou Zeus quando bebê e, ao se tornar o soberano dos deuses, ele colocou os chifres dela – a Cornucópia – no céu, como uma imagem da abundância da Terra. Os bodes também eram símbolos da licenciosidade, e o grande deus bode Pã, com seu séquito selvagem de sátiros, personificava a força vital incontrolável expressa pela luxúria humana. Quando a visão pagã da natureza deu lugar à desvalorização cristã da vida instintiva, o lascivo deus Pã tornou-se o bode expiatório, a encarnação animal das falhas e imperfeições humanas. Saturno, regente planetário de Capricórnio, era, como Amalteia, uma personificação das riquezas da Terra, e na mitologia greco-romana, ele presidia a Era Dourada, quando os seres humanos viviam em harmonia com as leis naturais. Saturno, porém, era também o deus do tempo que estabelecia os limites da vida mortal e, por isso, incorporava não só a abundância da natureza, mas também sua austera mortalidade. O signo de Capricórnio

A imagem da Cornucópia era usada pelos romanos para refletir a paz e a prosperidade prometidas àqueles que viviam de acordo com a lei.

se inicia no solstício de inverno, quando as noites são mais longas e o sentimento de esperança está no seu nível mais baixo. Nessa época de escuridão e desespero, o mítico deus solar renasce a cada ano. O profundo simbolismo da luz que renasce da escuridão pode ser visto não só nas imagens cristãs, mas também nas figuras de Mitras e do Deus Sol Invictus, que dividiam com Jesus sua data de nascimento e eram, como ele, figuras dominantes na vida religiosa do fim do Império Romano. Por isso, o cenário mítico de Capricórnio, o bode, expressa muitos níveis de significado, desde a abundância sensual da Terra até o caráter inevitável da morte e a esperança de redenção que nasce quando o senso de mortalidade é mais proeminente. Capricórnio é um signo tanto de escuridão quanto de luz, de estrutura e abandono. Não surpreende que aqueles em cujo mapa este signo é preponderante muitas vezes tenham dificuldade para entender as facetas aparentemente contraditórias da sua própria natureza.

A paisagem de Capricórnio é fértil, mas montanhosa, e retrata não só as recompensas da vida, mas também suas agruras. Nas montanhas, pastos verdejantes e repletos de nascentes dividem o espaço com declives pedregosos e estéreis, e uma avalanche de pedras ou de neve pode destruir em poucos instantes o que gerações trabalharam arduamente para construir. As pedras da paisagem de Capricórnio são cheias de histórias e fantasmas do passado; e as rijas cabras-monteses e os tenazes pinheiros, que se mantêm vivos a muito custo nos penhascos, viram muitas civilizações surgirem e perecerem. As pessoas em cujo mapa há uma ênfase no último signo do elemento Terra têm plena consciência da fragilidade da fama e do caráter passageiro do sucesso material, e, embora lutem para conquistar proeminência, suas ambições são temperadas pelo conhecimento de que elas também são mortais. Por isso, uma sólida contribuição para as gerações futuras é, muitas vezes, o objetivo supremo de Capricórnio. O deus do tempo é também o deus da história, e a consciência da importância do tempo produz a valorização do passado e da sua contribuição para o presente e para o futuro. Capricórnio reflete um profundo respeito pela tradição e a preservação daquilo que já provou seu valor por meio de lutas e testes. A sabedoria encontrada no alto da montanha não é mera filosofia abstrata, mas expressa um profundo entendimento das leis da vida. Esse senso indestrutível de certeza – em face da imprevisibilidade da vida – pode surgir apenas com o lento acúmulo de experiência e a vivência tanto de sucessos quanto de fracassos.

No que se refere ao cotidiano, Capricórnio é astuto e mundano. Até as crianças em cujo mapa há proeminência desse signo são difíceis de enganar. Sob a avaliação sagaz do bode de como abrir caminho neste mundo perverso, há muitas vezes uma ânsia poderosa de se libertar e explorar reinos mais imaginativos. A preocupação de Capricórnio com a sobrevivência, porém, pode criar limites autoimpostos e um autocontrole extenuante, que fecha a porta da simples diversão, porque isso lhe parece excesso de autoindulgência. Um senso profundo de responsabilidade com relação à família e ao passado geralmente precede a busca de prazer, e este signo costuma manter promessas e cumprir deveres com cuidado e integridade. Às vezes o espírito extremamente conservador deste signo pode desvalorizar qualquer coisa obtida muito facilmente, e uma certa rigidez de pensamento pode se evidenciar. No entanto, a mítica figura de Pã indica o prazeroso abandono oculto sob a autossuficiência aparentemente impenetrável do bode. Capricórnio pode lidar com a solidão muito melhor do que a maioria dos outros signos, e possui a força e a disciplina necessárias para realizar um objetivo, não importa o quanto os obstáculos se afigurem impossíveis. No entanto, depois de chegar ao topo da montanha, aqueles cujo mapa mostra a proeminência deste signo podem se perguntar por que as outras pessoas parecem conquistar o conteúdo da Cornucópia sem fazer tanto esforço. Talvez seja porque, sem o orgulho feroz e o espírito autossuficiente de Capricórnio, elas não tenham vergonha de pedir ajuda.

Os planetas em Capricórnio expressam suas energias e impulsos de maneira suave, mas extremamente tenaz. A verdadeira força de Capricórnio pode não se evidenciar até que o indivíduo esteja mais velho e tenha vivido o suficiente para formular valores e estabelecer metas duradouras. Por essa razão, os jovens que têm este signo forte no mapa podem passar por períodos em que parecem tudo, menos disciplinados e sábios, pois é necessário testar a vida e desafiar as autoridades vigentes antes de estabelecer um compromisso permanente. Aqueles com ênfase em Capricórnio precisam, mais cedo ou mais tarde (provavelmente mais tarde), deixar uma marca no mundo por meio de uma contribuição útil à sociedade. A perspicácia inata do bode os ajuda a entender que é mais sábio mudar o mundo lentamente e a partir de dentro, do que destruir suas estruturas comprovadas pelo tempo em nome de princípios ideológicos. A moralidade como expressão de consciência social é também fundamental para Capricórnio, e se reflete na consciência aguçada deste signo e na sua dependência de estruturas hierárquicas. Quando o Bode briga contra as estruturas, não é por impulso, mas pela percepção pragmática de que a estrada está bloqueada e precisa ser desobstruída para que se possa avançar. Em Capricórnio residem a enorme força e o poder da Terra, aproveitados pela vontade humana, dirigidos com respeito pelas leis conforme as quais o tempo e o processo de amadurecimento operam e, por fim, destinados a apoiar o futuro com o melhor do passado, de modo que a segurança e a continuidade da vida possam ser preservadas.

♑ CAPRICÓRNIO ♑

--- ♑ ---

*No cimo de uma escarpa rochosa, a cabra-montês de pés firmes
avalia um mundo onde muralhas em ruínas e esqueletos de
antigas cidades revelam as glórias de um passado nobre.
Sob o peso do céu de inverno, quando as noites são mais longas
e o sol só oferece um débil calor, os indestrutíveis pinheiros
aprofundam suas fortes raízes no solo e as resistentes gramíneas
de inverno nascem entre as pedras. Tudo o que vive na paisagem
de Capricórnio já provou sua força em face de cada desafio,
e sobreviverá quando as coisas mais transitórias
tiverem cumprido o seu curso e perecerem.*

--- ♑ ---

O elemento Ar

Na mitologia, o ar é a morada dos deuses do Olimpo. Para os gregos e romanos, essas divindades brilhantes e inteligentes estavam muito acima das forças primordiais e irracionais do mundo natural e se envolviam livremente nos assuntos humanos. Embora divinos, os deuses das alturas disputavam, amavam, mentiam, vangloriavam-se e competiam, exatamente como os seres humanos, pois, ao contrário de suas contrapartes terrenas, eles relacionavam-se entre si e com o mundo abaixo deles. O elemento Ar era visto como a encarnação do brilho fugaz da mente e do espírito, caprichoso e eternamente em fluxo, ainda maior e mais nobre do que as preocupações do cotidiano da vida terrena. Divindades do Ar como Atena, cujo Parthenon, em Atenas, elevava-se acima da cidade, transcendiam os mortais em sabedoria e poder, e podiam fazer um julgamento justo, porque viam mais e mais longe, e não tinham sido contaminadas pelas águas turvas da compulsão instintiva. Deuses instrutores, como o Thoth egípcio e o grego Hermes, ensinavam os seres humanos a usar a mente para dominar as forças naturais, transformando tribos em sociedades e cabanas de barro em cidades. As divindades aladas do Ar refletem conceitos e ideais humanos, incorporando uma visão da divindade que é inteligente, articulada e consciente do curso futuro da evolução humana.

No plano psicológico, o elemento Ar reflete o dom humano da compreensão e a capacidade de conceituar e planejar. A mente não se confina aos limites da terra ou do instinto. Ela vê a vida de cima, conectando experiências díspares e moldando-as em padrões significativos, que dissipam a servidão emocional ao passado. A capacidade da mente de ser objetiva é sugerida pela mobilidade aérea, independente do peso das necessidades pessoais imediatas. As ideias têm enorme poder para desencadear acontecimentos, tanto na vida individual quanto na história, e conceitos como a democracia e a igualdade literalmente mudaram o mundo. Antes de podermos progredir, precisamos ter uma ideia de para onde estamos indo e um plano de como chegar lá. Sem eles tropeçamos cegamente no caminho do futuro, repetindo os mesmos erros e reagindo sem entender. Os três signos de Ar, Gêmeos, Libra e Aquário, expressam, cada um à sua moda, a função do Ar de destilar experiências em ideias. Todos os três signos formam conceitos de como o mundo deveria ser, comparando realidade e ideal para estabelecer se uma pessoa, objeto ou ação é boa ou ruim, certa ou errada. A preocupação dos deuses do Ar com a justiça reflete a capacidade da mente de colocar o que é justo antes do que é fácil ou instintivamente gratificante, e seu papel mítico como transmissores de cultura retrata o nosso potencial de transformar a natureza crua de modo que ela sirva à vida humana. A ausência do simbolismo animal entre os signos do Ar nos diz o quão longe eles estão das compulsões cegas que dominam o lado animal da natureza humana.

Quando nosso lado civilizado fica indignado com crueldades ou injustiças coletivas ou individuais, é o elemento aéreo que reflete os ideais que buscamos e acreditamos ser corretos. Aqueles com Ar fortemente representado na carta astrológica anseiam por um mundo que seja justo e harmonioso, e procuram um código de ética que possa proporcionar definições claras de certo e errado. Os signos de Ar não são apenas justos, mas também podem ser críticos, percebendo a vida como algo preto ou branco, e às vezes falta-lhes flexibilidade emocional para aceitar os tons mais sutis que colorem todo coração humano. Nem todas as pessoas com uma forte ênfase no elemento Ar podem achar fácil expressar pensamentos e opiniões. A educação e um fluxo livre de comunicação são muito importantes para aqueles em que este elemento é forte, e alguns podem experimentar uma perda de confiança em um ambiente que se opõe ao desenvolvimento intelectual ou nega a necessidade de espaço para respirar que todos esses signos exigem. Gêmeos, Aquário e Libra, em comum com os deuses aéreos da mitologia, compartilham o amor pela clareza intelectual e uma visão da perfeição humana. Os signos de Ar refletem nosso esforço para compreender, e nosso ideal de um mundo no qual o instinto bruto é contido e dirigido pela ética e pela valorização da família humana.

Gêmeos
— ♊ —

Os gêmeos aparecem nos mitos de todas as culturas antigas. Até mesmo a nossa moderna compreensão do óvulo dividido não diminui o sentimento de mistério que envolve dois seres humanos que parecem tão iguais. Na mitologia grega, os gêmeos Castor e Pólux parecem idênticos, mas o último era o filho divino de Zeus, enquanto o outro era o filho mortal de Tíndaro, rei de Esparta. Quando Castor foi morto, Pólux chorou amargamente sobre seu corpo. Por ser imortal, ele não poderia seguir a sombra de seu irmão até o reino dos mortos. Zeus, tendo piedade deles, deu-lhes alternativas para que cada um pudesse experimentar as alturas espirituais e as profundezas mortais, mas eles nunca poderiam estar juntos em nenhuma esfera. Castor e Pólux foram, assim, separados pela distância entre o reino da terra e o reino dos céus. Outros gêmeos míticos, como Rômulo e Remo, foram separados pela distância entre o bem e o mal. Na mitologia romana, os

Os gêmeos Rômulo e Remo refletem a dualidade dos valores romanos, que honravam a violência e a agressividade, assim como a dignidade e a autodisciplina.

gêmeos, filhos do deus da guerra Marte, foram amamentados quando bebês por uma loba. Quando cresceram, Remo planejou o assassinato de seu irmão, mas Rômulo matou-o em legítima defesa e foi homenageado como o fundador da cidade de Roma. Do mito grego também vêm os gêmeos Zeto e Anfião, separados por suas naturezas e habilidades nitidamente contrastantes. Embora ambos fossem benignos, Zeto era um guerreiro forte e enérgico, enquanto Anfião era um artista e intelectual, qualificado em matemática e no uso da lira.

Na paisagem de Gêmeos, o primeiro dos signos de Ar, sempre há duas estradas, que não podem ser trilhadas ao mesmo tempo. Essa divisão de caminhos refletida na mítica imagem dos gêmeos retrata uma tensão interior profundamente desafiadora para aqueles em cujo mapa este signo é forte. Todos os seres humanos têm contradições, mas nenhum signo é tão multifacetado quanto Gêmeos. Viver com as contradições da própria natureza não é fácil, e muitas vezes a solução parece ser evitar um caminho em favor do outro. Mas ambas as estradas têm valor e são merecedoras de exploração e, como Castor e Pólux, qualquer repúdio de metade de si mesmo cria um sentimento de perda profunda, e uma sensação de descontentamento e de incompletude. Aqueles com Gêmeos salientado no mapa precisam fazer as pazes consigo mesmos por meio da consciência da busca por um conhecimento inclusivo que sustente a sua diversidade. Muitas vezes os dois caminhos da natureza geminiana se refletem no dom para o pensamento abstrato ou a consciência espiritual (Pólux, o gêmeo divino), em contraste com a mente pragmática confortavelmente abrigada nos afazeres mundanos (Castor, o gêmeo mortal). A divisão entre caminhos também pode refletir uma contradição moral, em que ideais elevados conflituam com uma amoralidade impessoal, tão perturbadora para o indivíduo quanto para outros que contemplam a dicotomia. Gêmeos é um signo fascinante, porque apresenta uma visão profunda da diversidade da vida. No mundo de Gêmeos, nenhuma verdade é a verdade completa e nada existe sem seu oposto. A comunicação é também fundamental para o signo, pois é necessária para se encontrar uma linguagem comum, por meio da qual todas as dimensões diferentes da vida podem ser conectadas.

No que se refere ao cotidiano, Gêmeos é inquieto, inquiridor e reluta em se identificar exclusivamente com uma direção ou ponto de vista. Ávido por novos estímulos e fascinado pela variedade humana, Gêmeos não gosta de se sentir preso por obrigações que cerceiem sua liberdade de explorar e intercambiar ideias. Por essa razão, muitas pessoas em cujo mapa este signo é forte são mais felizes trabalhando em pesquisas de campo, em escolas ou na mídia, que muitas vezes oferecem o desafio de se traduzir uma dimensão da vida em outra. O olhar observador de Gêmeos e a inteligência versátil anseiam por uma série de experiências – algo que pessoas mais decididas podem achar superficiais. Mas o mundo é grande demais para Gêmeos limitar sua busca de conhecimento a um único objeto. Nenhum caminho, por mais nobre que seja, é capaz de satisfazer Gêmeos, pois, em consonância com o seu regente planetário, Mercúrio, este signo usa muitos chapéus e encena vários papéis ao mesmo tempo. Para aqueles com uma natureza fortemente geminiana, existe muitas vezes a sensação de ser várias pessoas ao mesmo tempo. Walt Whitman, o poeta americano do século XIX, nasceu com o Sol em Gêmeos e escreveu que continha "multidões". Gêmeos é às vezes descrito como uma pessoa volúvel, mas esse termo – como qualquer geminiano sabe – depende muito dos parâmetros de cada um. Aqueles com este signo enfatizado no mapa são capazes de um amor e uma devoção profundos por outra pessoa. Mas o amor, para este fugidio signo de Ar, envolve um relacionamento de mentes e também de corações e corpos, e a lealdade às custas de frustração, depressão e tédio infinito pode ter um preço alto demais.

Os planetas em Gêmeos expressam suas energias e impulsos de maneira incansável, espirituosa e vivaz. Os sentimentos, as ideias e a energia física podem aumentar e diminuir de maneira imprevisível, e às vezes pode ser difícil tomar uma posição definitiva, porque muitos pontos de vista parecem interessantes e válidos. No entanto, a chave para o que une os gêmeos está no mito de Castor e Pólux, pois é o Zeus Olímpico, doador de iluminação, que dirige suas vidas e destinos. A perspectiva de unificação de uma abordagem filosófica ou espiritual pode dar a Gêmeos a sensação de que as diversas manifestações da vida estão ligadas em níveis mais profundos por meio de padrões e significados. Por essa razão, o ensino superior é importante para aqueles nos quais este signo está em destaque, e, se isso não foi possível na juventude, ainda pode ser conseguido na maturidade. Quanto mais ampla a base de conhecimento da vida e do mundo, mais fácil será para Gêmeos encontrar conexões criativas e, tecendo os fios diferentes do conhecimento, sentir-se centrado e inteiro. Embora a ênfase atual na educação esteja na aprendizagem especializada, a amplidão da visão de Gêmeos exige mais espaço onde ele possa manobrar. A ciência e as artes, os negócios e as questões espirituais muitas vezes estão lado a lado naqueles em que este signo está enfatizado, e não é incomum que tenham vários talentos. Gêmeos simboliza o portal para uma compreensão profunda dos vários níveis em que a vida funciona. Os gêmeos míticos são encarnações da força vital em ação através de uma maravilhosa variedade de experiências e pontos de vista, que compõem, todos eles, parte de uma grande teia de entendimento do potencial humano. O maior dos muitos dons de Gêmeos é a capacidade para descobrir uma linguagem individual, que une esse rico e variado espectro de vida.

♊ GÊMEOS ♊

♊

*Do outro lado do portal de nascimento, a estrada de Gêmeos se divide. O caminho nivelado leva o viajante por uma paisagem cotidiana de casas, fazendas e toda a parafernália da vida terrena. O caminho ascendente sobe a serra, até as salas de ensino superior, muito acima das preocupações da vida comum. Na paisagem de Gêmeos, aqueles que vivem acima devem descer para falar com aqueles que vivem embaixo, e os que vivem no nível do solo devem aprender uma língua mais complexa do que o discurso comum, para entender a vida das pessoas de cima.
No entanto, a estrada é na verdade uma só, e a aparente diversidade das línguas e das esferas de formação esconde a unidade básica do mundo.
Todo conhecimento é parte de um só Conhecimento.*

♊

Libra

A imagem da balança ou do equilíbrio pode ser encontrada nos mitos do Egito antigo, onde a deusa Maat, guardiã da justiça, pesava as almas dos mortos comparando seu peso com o de uma pena, para determinar até que ponto eles estavam livres do ônus da transgressão. O equilíbrio também está associado a Atena, a deusa grega da sabedoria, que passou para a moderna iconografia como a figura feminina com os olhos vendados da justiça, que preside tantos tribunais. Libra, o segundo dos signos de Ar, é relativamente "novo", uma vez que só fez a sua aparição durante o período helenístico, no III ou II século a.C. Antes disso, as garras do Escorpião, que na Babilônia eram retratadas segurando a lâmpada de iluminação, abrangiam esse segmento do céu. Escorpião é um signo de grande paixão e também de vingança, refletindo o sentimento instintivo da justiça que exige olho por olho. Libra, evoluindo de suas garras, reflete a disposição de usar a faculdade da razão para alcançar um julgamento justo e objetivo. A profunda mudança nos valores humanos, refletida pelo surgimento de Libra, também é retratada no mito de Orestes, que matou a mãe por ordens de Apolo e, em seguida, foi caçado pelas Fúrias, as antigas deusas da vingança. Atena, opondo-se à selvageria da sua retaliação cega, coloca o caso de Orestes diante do primeiro júri humano. Depois de longas discussões e da votação da maioria, o júri considerou Orestes inocente e libertou-o. Assim, pela pri-

Maat, a deusa egípcia da justiça, é mostrada usando a pena, em comparação com a qual ela pesava a alma humana para calcular o peso dos seus pecados.

meira vez na mitologia, é um grupo de seres humanos, e não um rei ou um deus, que determina o que é certo e errado. A balança, o único objeto inanimado da iconografia do zodíaco, simboliza a perspectiva imparcial e o espírito de cooperação que nos permite atingir um entendimento equilibrado e objetivo das outras pessoas e da vida.

A paisagem de Libra é limpa e precisa, pois a natureza bruta não é bem-vinda aqui. Antigos apelos instintivos dão lugar a uma visão fundamentada, em que as experiências são calculadas com base em princípios gerais, e não interpretadas de acordo com a necessidade emocional. O conceito de justiça é uma criação da mente humana; os leopardos não reúnem uma comissão para discutir se um antílope em especial merece ou não ser comido. Libra vai contra a necessidade da lei natural, esforçando-se para criar um mundo ideal em que a razão prevaleça sobre a simples sobrevivência. Aqueles com este signo em destaque no mapa astral também estabelecem ideais elevados para si mesmos e, embora possam sofrer por causa dos seus princípios, querem ser – e serem vistos como – seres humanos civilizados. Visto que isso invariavelmente significa a negação dos instintos e das emoções básicas, Libra pode ser excessivamente crítico com relação às deficiências comuns do ser humano. No entanto, tão grandioso é o poder do ideal, que a busca pela perfeição individual e social cria uma constante insatisfação com a vida. Em concordância com o regente planetário de Libra, Vênus, a harmonia e o refinamento contam muito para aqueles com este signo forte no mapa de nascimento, e a beleza – em ideias, pessoas, objetos, roupas ou pequenos gestos de cortesia e etiqueta social – pode ser uma motivação mais poderosa do que o sucesso material. O grande imperador romano Augusto, nascido com o Sol em Libra, era – para um imperador romano – excepcionalmente refinado e discreto em sua vida pessoal e em seus hábitos. Sua visão tipicamente libriana de um império unificado, em que diferentes raças e credos conviviam em harmonia, produziu paz durante quarenta anos, algo inédito nos milhares de anos do Estado romano.

No que se refere ao cotidiano, o espírito extremamente civilizado de Libra pode ser expresso por meio do trabalho com outras pessoas, pois este signo é incomparável quando se trata de criar uma atmosfera de cooperação, em que os indivíduos com pontos de vista díspares conseguem chegar a um acordo satisfatório equilibrado e mútuo. Libra é muitas vezes um grande diplomata e pacificador, tanto na vida profissional quanto na pessoal. A disposição para criar harmonia em vez de antagonismo fez Libra ganhar a reputação de ser indeciso. Mas aqueles em cujo mapa este signo está em destaque não são incapazes de conhecer sua própria mente, e seus pontos de vista são muitas vezes profundamente ponderados e definidos com precisão. A contínua boa vontade dos outros pode, no entanto, ser mais importante do que vencer a batalha apenas para perder a guerra. A deusa Atena era uma estrategista, e a capacidade para fazer pequenas concessões pelo bem de um plano a longo prazo é característica das sutis habilidades da diplomacia de Libra. As reações emocionais espontâneas são analisadas com base numa fina camada de ideais e princípios, "obrigações e deveres", e se Libra não consegue encontrar pessoas com quem possa ponderar e comparar suas ideias, ele tira sozinho suas conclusões. A cortesia e o tato tão evidentes na interação social libriana são expressos não porque o indivíduo seja incapaz de ser agressivo ou desagradável, mas porque ele está profundamente convencido de que esse comportamento é o mais justo e correto.

Os planetas em Libra expressam suas energias e impulsos de maneira fria, cortês e refinada. Até mesmo as forças instintivas poderosas de Marte e da Lua são demonstradas de maneira bem comportada em público – muitas vezes para grande frustração tanto do planeta quanto do indivíduo. Este signo mais jovem do zodíaco reflete um anseio magnificente, mas às vezes idealista demais, por um mundo perfeito. Esses sonhos estão condenados à frequente decepção devido às incoerências da natureza humana. No entanto, aqueles em cujo mapa este signo é forte estão preparados para lutar com grande tenacidade e comprometimento – não por suas necessidades pessoais, mas pelo ideal que eles próprios se dispuseram a seguir. Por essa razão, o calmo equilíbrio de Libra pode às vezes se desintegrar, revelando uma face dominante e agressiva, pois a batalha é muitas vezes necessária para que a justiça se cumpra. Os gregos compreendiam isso e retratavam sua deusa Atena não só como uma juíza sábia, mas também como uma guerreira. Na vida pessoal, o idealismo de Libra pode provocar muitas batalhas, pois este signo cultiva ideais elevados no amor e também em outras esferas da vida. Como nenhum relacionamento é capaz de manter a harmonia o tempo todo, aqueles com ênfase em Libra podem se desiludir bastante em seus romances. A balança é o maior símbolo astrológico da crença de que podemos ser melhores e mais decentes do que somos. Pelo poder da razão, elevamo-nos acima da nossa ganância e egocentrismo e somos capazes de dar à vida pelo menos um pouco da beleza e da harmonia dos ideais indestrutíveis de Libra.

LIBRA

Na paisagem de Libra, tudo é espelhado e contrabalançado pelo seu oposto, pois a simetria está na base de toda harmonia. Nenhuma planta ou animal estraga a perfeição desta sala de julgamento, pois o irracional, o instintivo e o desproporcional não têm lugar aqui. A figura da justiça é cega porque nenhuma perspectiva pessoal tem permissão para interferir na cuidadosa pesagem das experiências de vida. O chão debaixo dos pés dela é feito, não de terra, mas da extraordinária demarcação de valores – o bem e o mal, o belo e o feio, o certo e o errado.
Criada pela mente humana e pelo espírito, a paisagem de Libra incorpora os mais elevados ideais da ordem e do intercâmbio civilizado.

Aquário

～

Na mitologia egípcia, o bondoso deus Hapi carregava nos ombros um grande cântaro de onde se derramavam as águas do Nilo, iniciando a grande inundação anual da qual dependiam as colheitas. Os gregos o viam como o belo Ganimedes, por quem Zeus se apaixonou e que tinha a função de levar a ambrosia aos deuses. Mas a figura mítica que representa melhor Aquário, o último dos signos de Ar, é um portador do fogo e não da água. Os gregos o chamavam de Prometeu, que significa "aquele que tem premonição"; ele roubou a chama divina de Zeus e a ofereceu aos seres humanos, para que eles pudessem aprender a viver como criaturas civilizadas. A substância mágica que o portador da água carrega, seja o fogo, a água ou o elixir da vida, não é algo de fácil definição. Mas o mito de Prometeu sugere que é o poder do conhecimento inspirado que Aquário demonstra – conhecimento de como lançar mão das forças da natureza para criar um mundo que funcione de modo eficiente, em que todos e todas as coisas tenham seu papel e contribuam para o bem do todo. Prometeu era visto como o professor de todas as artes da civilização. Numa visão bem primitiva do mito, Prometeu na verdade moldava os seres humanos a partir do barro. Ele inventou a arquitetura, a astrologia e a astronomia, além da matemática, da geometria e do alfabeto; e seu dom do fogo tirou os seres humanos das cavernas, rumo à espantosa tecnologia da era moderna. O fogo da premonição inspira Aquário a lutar pela criação de um sistema ordenado – social, polí-

Ganimedes era associado, na astrologia romana, ao signo de Aquário, pois carregava o vaso que continha o elixir da imortalidade.

tico, cósmico – em que todos os seres humanos têm um valor e um papel a desempenhar. A mente profundamente inquiridora de Aquário está focada quase exclusivamente no potencial humano, pois este signo incorpora o poder da mente humana de transformar a natureza e mudar o mundo.

Na paisagem de Aquário, a engenhosidade humana domina a natureza. As grandes invenções do mundo antigo, desde a cerâmica e a roda até o aqueduto, a fabricação de concreto e os teoremas de geometria são reflexos da nossa notável capacidade de investigar as leis da natureza e usá-las para o benefício da sociedade. Como a paisagem de Aquário é vasta e cheia de novos horizontes, as questões mais imediatas muitas vezes não são vistas com o devido foco, e a natureza moralmente questionável de algumas invenções pode escapar ao reconhecimento imediato. O poderio atômico e a engenharia genética podem nos levar a um futuro grandioso ou terrível. Mesmo quando um indivíduo recebe crédito por um desses grandes saltos de conhecimento, é a família humana como um todo que gera o espírito de exploração em que essas descobertas acontecem. Para Aquário, o conhecimento é seu maior objetivo, e não requer validação emocional ou gratificação pessoal. A busca pela verdade que motiva este signo de maneira tão profunda pode, portanto, ser uma verdade apartada do sentimento pessoal, e existe às vezes uma dolorosa lacuna entre a ética e os ideais aquarianos – que invariavelmente pesam mais para o lado do coletivo – e as necessidades pessoais, igualmente válidas. Às vezes, aqueles em cujo mapa Aquário é enfatizado idealizam a humanidade, mas são extremamente críticos com relação aos indivíduos, inclusive a si próprios. No entanto, a nobreza e a clareza da visão aquariana, refletindo o regente planetário Urano, deus dos céus estrelados, de fato trouxeram o fogo dos céus e criaram um mundo totalmente novo.

No que se refere ao cotidiano, a natureza amante da verdade de Aquário pode ser expressa por meio de um trabalho que enalteça a consciência ou o bem-estar das outras pessoas, particularmente em esferas como a psicologia, a pesquisa científica e as questões políticas e sociais. Aqueles em cujo mapa Aquário está em destaque normalmente se esforçam para ser tolerantes com pontos de vista, estilos de vida e crenças pessoais diferentes, pois Aquário é contra a cegueira do preconceito e a estreiteza de um espírito xenofóbico. O desejo de buscar a verdade cria uma perspectiva imparcial e o dom da honestidade consigo mesmo, enquanto o reconhecimento da igualdade entre todos propicia um caminho de inter-relacionamento que é justo, decente e civilizado. Às vezes, a ênfase aquariana na importância do coletivo pode levar aqueles em cujo mapa este signo é proeminente a negar as próprias emoções e necessidades e as dos outros, pois essas necessidades são consideradas "egoístas". Pode ser difícil para Aquário pensar em termos de "eu", pois os direitos e reivindicações do grupo – família, vizinhos, colegas de trabalho, Estado – podem dar a impressão de que têm um peso maior. O mais disciplinado e estável dos signos de Ar, Aquário possui um senso profundo de responsabilidade com os outros, que se origina de preceitos éticos, muito mais do que da necessidade prática ou emocional. O eterno otimismo com respeito ao potencial humano e a disposição constante para presumir que os outros são inocentes até que se prove o contrário fazem de Aquário de fato um cidadão do mundo.

Os planetas em Aquário expressam suas energias e impulsos de maneira calma, imparcial e civilizada. Este signo tende a ser emocionalmente distante e pode não demonstrar sentimentos de vulnerabilidade ou mesmo reconhecê-los. Planetas mais suaves, como Vênus e a Lua, podem expressar suas necessidades de uma maneira impessoal, destituída de sentimentalismo. São muitas vezes as pessoas mais próximas do aquariano que percebem a indiferença deste signo, enquanto as mais distantes recebem toda a força da sua bondade, equanimidade e gentileza. Aquário é capaz de imensa lealdade e dedicação, tanto aos entes queridos quanto às causas maiores tão caras ao seu coração. No entanto, aqueles em cujo mapa este signo é forte podem perceber que seu compromisso é subestimado, pois eles não dão logo voz ao que sentem, só ao que pensam e àquilo em que acreditam. Complexo e muitas vezes incompreendido, Aquário pode se rebelar contra os valores tradicionais – não por se sentir pessoalmente ofendido, mas porque a verdade maior exige maior lealdade. Embora muitas vezes seja visto como extremamente individualista, o individualismo por si só não atrai a racionalidade sóbria de Aquário. A natureza forte de Aquário pode achar difícil lutar por questões e necessidades pessoais. No entanto, diante de um coletivo carente de ajuda ou de motivação, este signo pode apresentar uma grande tenacidade, coragem e altruísmo verdadeiro. O espírito previdente de Prometeu preocupa-se não com uma pessoa nem com o futuro imediato, mas com toda a família humana, comovente, falível, resistente e vulnerável, que luta para alcançar algum objetivo evolutivo distante, em que os maiores potenciais da mente e do espírito sejam por fim realizados.

AQUÁRIO

*Na fria paisagem de Aquário, a engenhosidade da mente humana
domina as forças da natureza, trazendo água para a população
carente da cidade por meio dos monumentais arcos do
aqueduto feito de concreto, tijolos e pedra. Nenhum indivíduo
pode levar o crédito por esta invenção ou construí-lo sozinho.
Só a energia e o comprometimento de um grupo,
trabalhando em cooperação, com cada pessoa contribuindo com
sua habilidade e esforço individual, pode concretizar
essas criações da mente e do espírito e transformar o mundo
natural, melhorando a qualidade da vida humana.*

O elemento Água

A água é o elemento primordial da qual a vida surgiu na aurora dos tempos. Na mitologia, as primeiras divindades aquáticas eram imensos úteros oceânicos em que o universo foi concebido. A água oculta o mistério insondável da própria vida, e em suas caóticas profundezas todas as coisas se fundem e toda a vida volta para renascer. As deusas míticas da Água, como a suméria Nammu, retratam não só nossas experiências mais primitivas com as águas do útero, mas também nosso vago senso de uma força vital à qual retornaremos depois da morte. Como mãe compassiva da vida, o mar também era visto como um lugar de renascimento, e a imersão na água não levava apenas à morte literal por afogamento, mas também à purificação dos pecados. No fundo do oceano encontram-se o caldeirão nórdico da imortalidade e a árvore babilônica da vida eterna. Para os hindus, os rios da Índia ainda são sagrados, e a pessoa que se banha nas águas da Mãe Ganges se libertará da roda do renascimento. A água é também o elemento da fecundidade, pois sem ela a terra se torna um deserto. Os gregos retratavam o mundo físico como um mundo cercado e fertilizado pelo grande corpo de Okeanos, o eterno fluxo da vida. O Antigo Testamento nos diz que o espírito de Deus se moveu sobre a superfície das águas e as dividiu para realizar a Criação, enquanto o Corão afirma que toda a vida se originou da água.

A paisagem do elemento Água está constantemente em mudança; ela é ao mesmo tempo benigna e aterrorizante, atraente e repulsiva. Os ritmos do mar refletem os ritmos do nosso corpo e dos ciclos da Lua, e as suas profundezas ocultam não só monstros e as ossadas dos mortos, como também tesouros perdidos e os segredos da imortalidade. O reino mágico e sem fronteiras da Água é um cenário do coração humano, uma imagem das profundezas que existem dentro de todos nós, e ocultam tanto nossas trevas secretas quanto nossa luz interior. A água como a origem da vida incorpora a psique coletiva da qual todo indivíduo emerge, enquanto a água como o refúgio de monstros selvagens reflete as emoções primais, que tentamos tão arduamente domar com os esforços da mente racional. Câncer, Escorpião e Peixes, os três signos de Água, são personificados por criaturas de sangue frio. O caranguejo, o escorpião e os peixes, tão estranhos a nós, existem desde muito antes do ser humano, e refletem as divindades marinhas monstruosas da mitologia antiga. Desde o útero, porém, começamos a vida como peixes, habitantes das águas com guelras em vez de pulmões. A paisagem da água é tão estranhamente assustadora quanto intensamente familiar. Embora não possamos sobreviver em suas profundezas, a água nos envolve e enriquece como Okeanos. Toda noite mergulhamos no sono, no esquecimento da morte, e em todas as experiências de união nos braços daqueles que amamos.

No nível psicológico, os três signos de Água refletem o mundo mutante dos sentimentos humanos, que desafia explicações, embora nos ofereça vislumbres perturbadores do nosso eu secreto por meio de sonhos, anseios místicos e de nossa experiência de unidade com o resto da vida. As pessoas com ênfase nos signos de Água sentem-se instintivamente conectadas às outras, e temem as experiências que requeiram um senso de separação e autodefinição. O anseio para se perder no fluxo da vida pode ser expresso de maneiras criativas, por meio da imaginação, de visões, de aspiração espiritual e do mistério do amor humano. Também pode ser expresso de maneiras destrutivas, por meio dos efeitos desintegradores do álcool, das drogas, da loucura e da perda da integridade individual em meio ao caos da multidão. Os signos aquáticos refletem todo o espectro de emoção humana, desde nossa necessidade básica de família e raízes, passando por nossos desejos passionais, até nossos mais profundos anseios para nos unirmos àquilo a que chamamos Deus. A Água é o elemento da ligação. Sem resistir, ela se molda ao seu canal, dissolvendo ou contornando, porém, todos os obstáculos em seu caminho. Do mesmo modo, nossas necessidades e aspirações emocionais moldam nossa vida exterior, fluindo e superando tudo em seu caminho, à medida que avançam em direção à unidade que é nosso começo e nosso fim. A Água é o mais humano dos elementos, pois nos liga a todos, num sofrimento e em aspirações em comum. É, no entanto, também o mais estranho, revelando profundezas que, mesmo hoje, ainda nos são quase desconhecidas.

CÂNCER
— ♋ —

O Caranguejo tem uma curiosa herança mitológica. Os gregos o viam como uma criatura da deusa Hera, guardiã da família e do lar. Essa sofisticada deusa protegia aqueles que respeitavam os laços do matrimônio, mas era ciumenta e uma inimiga implacável dos filhos ilegítimos de seu marido Zeus com mulheres mortais. Quando o herói Hércules, um dos filhos ilícitos de Zeus, estava lutando com o monstro Hidra, ela mandou seu caranguejo morder o pé do herói, para distraí-lo durante a luta. O caranguejo agarrou firme o calcanhar de Hércules com sua pinça poderosa e nada conseguiu arrancá-lo dali. Embora Hércules tenha conseguido vencer a Hidra, Hera colocou seu valioso crustáceo no céu em gratidão à sua lealdade. A associação do caranguejo com Hera reflete um dos significados mais conhecidos de Câncer, pois Hera era o maior símbolo grego da estabilidade doméstica e da sua continuidade por meio da preservação dos laços familiares. No mito egípcio, porém, o signo zodiacal de Câncer assumiu uma forma mais sutil. Em vez de um caranguejo, um escaravelho ou besouro do esterco era associado com esse segmento do zodíaco, que começa no solstício de verão, quando o Sol está no zênite do seu poder. O escaravelho é uma imagem mais misteriosa do que o caranguejo, e nos dá uma visão mais profunda da complexa natureza canceriana. Como o besouro põe seus ovos numa bola de esterco que empurra até que as larvas eclodam,

O escaravelho egípcio simbolizava o sol da meia-noite, surgindo das águas escuras do mundo inferior para renascer a cada manhã.

os egípcios o viam como um símbolo solar do qual uma nova vida surgia misteriosamente, e consideravam o signo de Câncer como um reflexo da encarnação do espírito na forma mortal. Por isso, o primeiro dos signos de Água é associado com o mistério da fonte espiritual da vida e com a lealdade emocional aos valores do passado.

A paisagem de Câncer é a periferia do oceano, não suas profundezas insondáveis. Como o caranguejo é uma criatura que depende de dois elementos para sobreviver, seu *habitat* é a junção rochosa ou arenosa entre o mar e a terra, aberta para as marés, porém suficientemente abrigada para dar proteção. O caranguejo é, portanto, capaz de fazer uma ponte entre dois mundos díspares. Esse paradoxo se reflete na necessidade canceriana de segurança material e emocional para lhe proporcionar uma base a partir da qual Câncer possa realizar suas incursões às profundezas, com a certeza de que tem um lugar seguro para onde voltar. Muitas vezes temperamental e sujeito a profundas oscilações de humor, o mundo interior de Câncer segue os ritmos cíclicos do seu regente planetário, a Lua. A natureza ambígua do próprio caranguejo – duro e impenetrável por fora, vulnerável e disforme por dentro – também descreve a defesa canceriana característica contra a dor e a decepção. Câncer é realista com relação aos caprichos da vida e pode se proteger com uma resistência e perspicácia surpreendentes. Aqueles em cujo mapa este signo é enfatizado são verdadeiros sobreviventes. Contudo, sob a carapaça exterior, o signo é imensamente vulnerável à solidão e à rejeição, temendo-as profundamente. As pinças do caranguejo transmitem uma imagem poderosa da tenacidade e força de Câncer, pois depois que agarra uma coisa o caranguejo não solta mais. No entanto, como o animal, o movimento de Câncer em direção ao seu objetivo é oblíquo e sutil. O mundo aquático e lunar do caranguejo pode não ser visível aos olhos de todos os passantes, mas é cheio de ritmo, mistério e imaginação.

No nível cotidiano, a necessidade do caranguejo de uma base terrestre se reflete na precaução e preocupação deste signo com a segurança. Seja esta segurança propiciada por uma família unida, um emprego estável ou um papel indispensável no seu grupo social ou profissional, aqueles com este signo proeminente no mapa são extremamente relutantes quando se trata de deixar a segurança do que já conhecem – mesmo que a vida deles seja extremamente infeliz. O respeito profundo pelo passado pode ser expresso por meio do fascínio pela história, pois o senso de empatia imaginativa de Câncer com o que já aconteceu no passado faz da história uma realidade viva. Muitas vezes, a timidez e a relutância para revelar pensamentos e emoções que poderiam causar criticismo ou rejeição podem fazer com que Câncer demonstre ao mundo uma face polida e sofisticada. A dura carapaça do caranguejo é indispensável, pois os sentimentos de Câncer são intensos demais para que fiquem expostos. Extremamente românticos e muito mais passionais do que ousam demonstrar, aqueles em cujo mapa este signo é forte podem, porém, ser muito desconfiados com relação a novos contatos e experiências. Sempre existe uma grande lacuna entre a vida exterior do canceriano e o mundo secreto de fantasias que encerra suas profundezas aquáticas. Isso às vezes pode causar a impressão de que ele tem uma postura defensiva e se dedica apenas ao seu próprio clã, achando assustador tudo o que lhe é estranho. No entanto, o exótico e o esotérico são muitas vezes irresistíveis à alma mística de Câncer, e a imensidão do mar aberto sempre o atrai. Mutável, complexa e muitas vezes mal compreendida, a natureza canceriana sempre requer mais do que uma definição simples.

Os planetas em Câncer expressam suas energias e impulsos de maneira sutil, fluida e sensível. Planetas mais impetuosos como Marte e o Sol são camuflados e se rendem de maneira mais sensível e emocional às tendências do ambiente. Câncer é extremamente intuitivo e se sente mais à vontade com formas não verbais de comunicação. Além disso, a empatia com relação aos sentimentos dos outros pode ser tão grande que é praticamente mediúnica. Essa extrema sensibilidade à atmosfera reflete uma abertura ao nível inconsciente da vida, no qual os indivíduos não são tão separados como podem parecer. As pessoas com ênfase em Câncer não estão apenas em sintonia com esse nível coletivo de experiência emocional; elas dependem dele, pois ele lhes proporciona a sensação de pertencerem a um grupo e um senso de unidade emocional com a família humana mais ampla. A solidão é algo pelo qual Câncer tem aversão e muitas pessoas com este signo proeminente farão quase tudo – inclusive trair seu próprio ser mais profundo – para não viverem isoladas. A receptividade psíquica de câncer às vezes é uma faca de dois gumes, pois pode criar uma dependência com relação aos outros que prejudica a autoconfiança e a autossuficiência, além de abrir caminho para a vitimização emocional. No entanto, essa abertura também é algo raro e precioso. A ternura e a compaixão são dádivas do coração canceriano e a compreensão intuitiva dos outros é uma dádiva da sua mente. Este signo misterioso e multifacetado, fraco e forte ao mesmo tempo, incorpora nossos sentimentos mais protetores com relação às outras pessoas, e nosso senso de enraizamento numa história consistente não de fatos estéreis, mas de pessoas vivas que amaram, sofreram e ofereceram seus sonhos mais pungentes a todas as gerações que se seguiram.

♋ CÂNCER ♋

♋
---

*Na paisagem iluminada pela lua de Câncer, o Caranguejo busca
abrigo entre as pedras protetoras de uma poça natural na praia.
Em torno dele flui a vida abundante do mar, movendo-se ritmicamente
com as marés e as fases da Lua. A pérola entre as pinças do caranguejo
é formada com esforço paciente, camada após camada, ao longo do tempo,
como uma proteção contra as dores da vida. Nesse cenário golpeado
repetidamente pelo mar dos sentimentos humanos, o sofrimento e a
beleza estão inextrincavelmente ligados e, diferentemente das
jornadas às cegas pelos mares, o Caranguejo usa o conhecimento
e a experiência do passado para garantir a continuidade da vida.*

♋

Escorpião
── ♏ ──

O Escorpião da mitologia grega é uma criatura ameaçadora, enviada pela deusa lunar Artemis para matar o caçador Órion em punição pelo seu orgulho. Isso também causou a desastrosa debandada dos cavalos de Apolo, que dispararam e galoparam loucamente através dos céus, quando seu filho inexperiente Fáeton tentava comandar o carro solar: a Terra foi queimada e Fáeton foi arremessado em direção à morte. Nos primórdios da Mesopotâmia, o Escorpião era conhecido como o Aguilhoador, o símbolo da escuridão que anuncia o declínio do poder do Sol no outono. Ele está, portanto, ligado com os poderes ctônicos da natureza, que se enfurece quando é violada pela vontade arrogante dos seres humanos. Tanto Órion quanto Fáeton foram acusados do que os gregos chamavam de *hubris* – o orgulho que acomete almas heroicas e faz com que elas ultrapassem os limites apropriados para desafiar a vontade e o poder dos deuses. Embora retratado no mito como uma criatura perigosa, o Escorpião não é cruel. O simbolismo do segundo signo de Água reflete a vingança da natureza indignada, e a justiça inflexível que aguarda aqueles a quem falta humildade em face das forças instintivas da vida. Como arauto do declínio do Sol, Escorpião incorpora a lei da natureza que decreta que

A monstruosa Hidra que Hércules combateu reflete a batalha entre a consciência e as compulsões do lado sombrio da natureza humana.

até o mais forte tem de se curvar à mortalidade humana. A imagem do Escorpião também foi adotada como emblema pela guarda pretoriana de Roma, em parte porque um dos seus planetas regentes é o deus da guerra Marte (sendo o outro o deus do mundo inferior, Plutão), e em parte porque a astúcia, a velocidade e a ferroada mortal do escorpião refletiam a imagem que essas tropas invencíveis do Império queriam passar para os inimigos.

A paisagem de Escorpião, coincidindo com o advento do inverno e com a morte lenta da vegetação, é misteriosa e impenetrável. Como o coração da selva ou da floresta tropical, a paisagem de Escorpião transmite profundidade, sutileza e uma vida fértil, oculta, que pode parecer ameaçadora para aqueles que veem o mundo de maneira mais simplista. A quietude de um lago profundo, a espiral de fumaça de um vulcão adormecido são, ambas, imagens escorpiônicas que transmitem o poder silencioso deste signo. O escorpião é único entre as criaturas da natureza, pois, quando acuado, ele aferroa a si mesmo até a morte. No folclore, esse ato de autodestruição é atribuído a uma preferência pela morte em vez da submissão. Embora possa de fato insinuar desorientação em vez de um suicídio deliberado, o escorpião nesse caso está ligado à coragem e à necessidade de autodeterminação. O orgulho de Escorpião é uma das suas características mais fundamentais, e o poeta Milton, que tinha Ascendente em Escorpião, expressou esse sentimento de maneira extremamente bela com as palavras de Lúcifer: "É melhor reinar no Inferno do que servir no Céu". Na natureza, os escorpiões são de fato notavelmente resistentes; eles podem sobreviver ao fogo, a testes nucleares e ao calor e à aridez do clima do deserto, onde poucas criaturas conseguem sobreviver. Portanto, a tenacidade deste signo também dá àqueles em cujo mapa ele é proeminente resistência e uma indestrutibilidade de espírito que pode sobrepujar grande dor e dificuldade.

No que se refere ao cotidiano, Escorpião é dotado de uma grande intensidade de sentimentos. Isso inclui todos os sentimentos – amor, paixão, necessidade, ódio e raiva. É como se todo ímpeto humano simbolizado pelos planetas fosse aumentado cem vezes mais quando é expresso por meio da coloração deste signo. A pessoa não desgosta simplesmente; ela detesta. Ela não encontra alguém razoavelmente afim; ela fica irremediável e passionalmente afeiçoada a ela. Ela não se magoa simplesmente com a rejeição; ela se sente lacerada por dentro e jura vingança. O ferrão do escorpião reflete a inclinação deste signo para a retaliação, pois quando os seres humanos sentem tão intensamente, eles não perdoam facilmente. A necessidade que Escorpião tem de se envolver emocionalmente de maneira intensa é equilibrada pelo medo profundo de ser controlado pelos outros, e isso cria uma tensão interior que dá a este signo o temperamento de quem arde em fogo lento. Aqueles em cujo mapa este signo é forte têm um gosto pelo dramático e a necessidade de infundir suas experiências com cores mais ricas e profundas – mesmo que isso signifique provocar crises e conflitos tempestuosos. Às vezes capaz de extrema possessividade, Escorpião, como os outros signos de Água, precisa de uma grande intimidade emocional com aqueles que ama. Uma sensibilidade aguda com relação aos motivos ocultos dos outros faz com que este signo seja extremamente seletivo e avesso a pessoas manipuladoras ou pouco verdadeiras. No entanto, aqueles com ênfase em Escorpião tendem a se apegar passionalmente aos que amam e são capazes de extraordinária devoção e autossacrifício. Esse amor, embora não seja oferecido de maneira leve, sobrevive a conflitos e decepções que poderiam romper laços mais superficiais. Sob a resistente carapaça deste signo encontra-se uma profunda compaixão pelo sofrimento humano e uma visão perspicaz com relação às ambiguidades da alma humana.

Os planetas em Escorpião expressam suas energias e impulsos com grande intensidade e determinação. Até planetas de energia mais suave, como Vênus e a Lua, expressam suas necessidades emocionais com um poder que pode perturbar naturezas mais frias – embora esses sentimentos, se mal acolhidos, sejam cuidadosamente ocultos sob um verniz de indiferença e inflexibilidade. Como Escorpião é um signo de grande sentimento e sensibilidade, cautela e até suspeita podem ser as consequências inevitáveis das decepções precoces, e muitas pessoas com este signo proeminente normalmente disfarçam sua intensidade para se proteger da dor e da humilhação. Como o caranguejo, o escorpião tem uma carapaça dura e um interior macio e vulnerável. E como Câncer, Escorpião também pode apresentar ao mundo exterior uma superfície sofisticada e aparentemente cínica que engana a todos, incluindo ele próprio. A percepção aguda que Escorpião tem da vida muitas vezes faz com que a pessoa em cujo mapa este signo é forte se comprometa com uma exploração da natureza humana – em parte para chegar a um acordo com as suas próprias profundezas, e em parte porque as dimensões invisíveis da realidade exercem uma profunda fascinação sobre ela. Aqueles com ênfase neste signo podem ser defensivos, enigmáticos, orgulhosos, melindrosos e difíceis de se conhecer. Este signo, temido pelos antigos, mas reconhecido como a encarnação dos mais profundos mistérios, simboliza os níveis mais intensos da existência que sustentam o mundo dos sentidos e as regiões inexploradas da alma humana.

♏ ESCORPIÃO ♏

———————————— ♏ ————————————

A paisagem de Escorpião é rica e complexa, cheia de formas exóticas de vida e imbuída de acentuada fragrância. Escorpião está à beira de um lago tranquilo onde uma vida secreta é ocultada pelo reflexo cristalino da superfície da água, e suas profundezas podem apenas ser supostas, nunca conhecidas. Plantas carnívoras e videiras crescem em profusão neste cenário de selva, enquanto orquídeas, as mais sexualmente provocativas das flores, perfumam o ar. A paisagem de Escorpião é difícil de penetrar, perigosa e também bela, pois tudo ali é maior do que a vida e tem uma forma exterior enganosa.

———————————— ♏ ————————————

Peixes
——)(——

No mito sírio, o peixe maior de Peixes era associado com a grande deusa da fertilidade, Derke ou Atargatis, retratada com cabeça de mulher e um imenso corpo de peixe. Os gregos identificavam essa divindade com Afrodite e acreditavam que o peixe menor era seu jovem e belo amante, Adônis, que foi morto por um javali. Essas duas figuras, ligadas no céu, simbolizavam o grande ciclo anual em que o espírito jovem da vida vegetal emergia do útero fértil da natureza na primavera e morria no outono, só para renascer na primavera seguinte. Esse ciclo eterno de nascimento, morte e renascimento expresso por meio dos ritmos do mundo natural, também retratava uma profunda verdade sobre a natureza dos seres humanos. O peixe maior tornou-se um símbolo do corpo mortal, com seu apetite insaciável e suas cegas necessidades instintivas. O peixe menor, associado com o infeliz amante da deusa, tornou-se a imagem do poder redentor do espírito imortal, que, embora preso ao ciclo da mortalidade, renasce continuamente. No mito greco-romano, o simbolismo espiritual do peixe menor também se refletia na figura do semideus Orfeu, o Pescador, em torno de cuja vida trágica se formou um culto redentor. A imagem do

Eros, o deus greco-romano do amor, monta o dorso de um golfinho, refletindo o poder do amor que doma e redime os instintos brutais.

peixe como salvador sacrifical ou redentor espiritual chegou até à iconografia do Cristianismo primitivo, quando Jesus era, ele mesmo, o Peixe, e Pedro era o Pescador de Homens. As imagens míticas de Peixes retratam para nós o mistério de um espírito imortal que, embora aprisionado na escuridão do mundo físico, sempre se redime e renasce.

A paisagem subaquática de Peixes é o reino mágico do fundo do mar, onde formas tanto monstruosas quanto belas nadam pelas águas, e o segredo da imortalidade está oculto nas profundezas. Os inúmeros mitos de um caldeirão mágico, ou árvore mágica da vida eterna, enterrado sob as ondas, nos contam que Peixes incorpora os anseios do espírito humano pela eternidade, condenado a viver em conflito com as compulsões dos instintos que triunfam mesmo em face da morte. Na escuridão do fundo do mar, espreitam criaturas ameaçadoras que, subindo das profundezas do inconsciente, aterrorizam-nos com sua fome e cega selvageria. Essas imagens refletem o dilúvio de emoções primitivas que se encontram sob a superfície civilizada da sociedade humana. Ao longo da história, essas forças inconscientes subiram à superfície para provocar a loucura coletiva das guerras, dos expurgos e das inquisições. As criaturas extraordinárias e frágeis que também habitam as profundezas do mar expressam a beleza inefável da vida e da alma humana, que se comunica apenas por meio da música, da poesia, da pintura e da visão mística. Aqueles em cujo mapa Peixes é forte não têm almas mais escuras ou iluminadas do que as outras pessoas, mas estão mais em sintonia que os outros signos zodiacais com as correntes profundas da psique coletiva, pois o senso de identidade individual em Peixes é muitas vezes ofuscado e aberto a uma percepção mais universal da vida. O mundo subaquático de Peixes pertence a todos nós, gerando não só nossa mais assustadora destrutividade, mas também nossas mais nobres e excelentes criações. Aqueles em quem este signo é enfatizado são as testemunhas desses habitantes das profundezas e os artistas que os retratam.

No que se refere ao cotidiano, a receptividade de Peixes ao mundo oculto do inconsciente coletivo pode levar à versatilidade e ao poder criativos e a um senso de profunda compaixão por toda a vida. Existem muitas vezes sentimentos profundamente religiosos em Peixes que refletem as qualidades visionárias dos regentes planetários deste signo, Júpiter e Netuno. Essa consciência de um universo maior e mais inclusivo também pode causar problemas, pois não existe dilema humano que Peixes não reconheça ou não ache familiar. Aqueles em cujo mapa este signo é forte se identificam prontamente e de maneira profunda com cada matiz do espectro emocional humano, e podem achar difícil defender seu território particular ou se proteger da exploração. A imagem mítica do redentor – que é também uma vítima – pode se expressar por meio de atos sacrificais que lhe conferem um poder mais sutil, mas também provocam dor. Peixes está profundamente em contato com a pungência da existência mortal, pois seu lugar no final do ciclo do zodíaco reflete seu gentil desapego com relação à autoexpressão imperativa que domina os demais signos. O anseio de ir para casa pode se expressar como uma busca pelo esquecimento, por meio de compulsões como alcoolismo e vício em drogas. Igualmente, pode ser demonstrado de modo compassivo por meio da necessidade de curar essa forma particular de desespero nos outros. Peixes pode ser volátil e mutável como as correntes marinhas, repleto de uma melancólica consciência da transitoriedade da vida. No entanto, como não é presunçoso, Peixes também possui a grande capacidade de rir e sentir um prazer sensual, pois aqueles em cujo mapa este signo é proeminente conhecem o segredo de fluir com a vida e deixar o passado para trás.

Os planetas em Peixes expressam suas energias e impulsos de maneira fluida, sensível e indireta. Na natureza fortemente pisciana existe muitas vezes a sensação de que a vida é um palco de teatro com um cenário pintado e um tempo limitado para ficar em cartaz, e os planetas em Peixes desempenham seus papéis com sutil teatralidade. Essa sensação de irrealidade, combinada com a imaginação rica deste signo pode produzir maravilhosos dons criativos, particularmente no teatro, na música e no cinema. Saltos intuitivos extraordinários também podem ocorrer nos campos da física e da matemática, capazes de proporcionar um soberbo parque de diversões para a mente abrangente de Peixes. A vida vista através dos olhos de Peixes é como um sonho, e os acontecimentos do dia a dia são imbuídos de significados estranhos e sutis. Fluir com a corrente é melhor do que uma luta sem sentido, e existe muitas vezes uma profunda confiança numa inteligência superior e mais sábia do que a de qualquer ser humano. A gentileza de Peixes pode por vezes levar a uma passividade autodestrutiva, e emoções primitivas poderosas podem inundar a consciência, assim como as grandes marés inundam a praia. Em tais momentos, pode parecer que o caos ameaça a estabilidade da vida diária. No entanto, se o indivíduo fortemente pisciano estiver preparado para moldar esses sentimentos por meio de formas criativas, e aprender a viver em paz com a dualidade entre carne e espírito, Peixes, o último signo de Água e a conclusão do ciclo do zodíaco, incorpora tudo o que é mais compassivo, mais universal e mais intensamente conectado com essa realidade mais profunda que sustenta toda a existência.

⯎ PEIXES ⯎

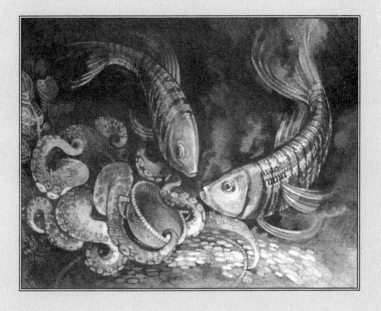

Na paisagem subaquática de Peixes, os peixes, fugidios e voláteis, dividem as profundezas com o polvo que guarda o tesouro enterrado. Aqueles que anseiam alcançar o ouro no fundo do mar e beber do caldeirão da imortalidade precisam abrir seu caminho à força através dos tentáculos pegajosos e sufocantes e das nuvens de tinta, pois o guardião não permitirá que mortais gananciosos se apropriem do que pertence somente ao espírito. No entanto, a luz mágica do tesouro antigo é um farol e uma promessa para aqueles que perderam o rumo na vida e podem confiar que as correntes subaquáticas os levarão de volta à segurança do lar.

PARTE TRÊS

COMO USAR AS CARTAS

A personalidade de todo indivíduo possui impulsos psicológicos básicos – simbolizados pelo Sol, pela Lua, pelos planetas e pelo Ascendente – que são expressos de maneiras peculiares, descritas pelos signos zodiacais em que eles estavam no momento do nascimento. Para conhecer o retrato astrológico inigualável da sua personalidade, disponha as cartas no pôster nos seus devidos lugares e analise as combinações dos planetas e signos, apresentadas na Parte Quatro. Mas, primeiro, siga os passos a seguir, que descrevem como obter sua carta natal no site recomendado, com todos os planetas e o Ascendente nas posições em que estavam na hora do seu nascimento.

Primeiro Passo: Obtenha sua carta natal

Vá ao site **www.astro.com** e, no topo da página, do lado direito, clique em "pt" para navegar em português. Na barra azul do menu, clique em "Serviços Astrodienst", depois em "Desenhos de mapas astrais" e, em seguida, em "Desenho do Mapa, Ascendente". Se você já acessou www.astro.com antes e já inseriu seus dados de nascimento, verá um mapa imediatamente, após entrar com seu login e senha. Você pode escolher um mapa diferente no quadro de seleção acima do mapa ou inserir novos dados de nascimento usando o link "Adicionar uma nova pessoa", além daquelas do quadro de seleção.

Se você nunca acessou esse site antes, você pode optar por "Criar um perfil de utilizador registrado" ou "Criar imediatamente um horóscopo, como utilizador visitante". Após preencher os dados solicitados, o seu mapa natal astrológico vai aparecer na tela.

Na tabela à esquerda do mapa, estão listadas as posições dos planetas e do Ascendente na hora do seu nascimento. Anote-as em um pedaço de papel, a fim de usá-las para trabalhar com as cartas. Você precisa apenas dos signos do zodíaco; pode ignorar os graus e os minutos.

Se as posições planetárias constantes da tabela estiverem pequenas demais para permitir a leitura, há um link acima do diagrama que diz: "Ver as tabelas adicionais". Você pode clicar nele para visualizar uma tabela mais fácil de ler.

Segundo passo:
Como dispor as cartas

Depois de anotar as posições do Sol, da Lua, dos planetas e do Ascendente, você está pronto para dispor as cartas em suas devidas posições sobre o pôster. Note que cada signo do zodíaco tem dois espaços nos quais colocar, *acima*, a carta do signo e, *abaixo*, a carta do planeta. O pôster também permite que você trabalhe visualmente com a sua própria carta natal ou com a de outra pessoa, para analisar um relacionamento (ver Parte Cinco).

As cartas nos revelam muitos dados sobre a personalidade. Na lista de combinações a seguir, no próximo capítulo, cada planeta é descrito em todos os signos. Mas as cartas também revelam outras qualidades com base na ênfase em determinados elementos.

Para dar um exemplo, vamos analisar as posições do Sol, da Lua, dos planetas e do Ascendente no mapa natal de Marilyn Monroe, que nasceu às 9:30 no dia 1º de junho de 1926, em Los Angeles, nos Estados Unidos. Você pode obter o mapa dela no site. Essas posições são mostradas no diagrama da próxima página, em suas devidas posições sobre o pôster.

Na carta natal de Marilyn, o Sol e Mercúrio estavam em Gêmeos, signo de Ar, e Júpiter e a Lua estavam em Aquário, outro signo de Ar. Marte e Urano estavam no signo de Peixes, signo de Água, enquanto Saturno estava em Escorpião e Plutão em Câncer – ambos signos de Água. Vênus estava em Áries, signo de Fogo, enquanto Netuno e o Ascendente estavam em Leão, tambem signo de Fogo. De todos os doze fatores astrológicos, só o recém-descoberto Quíron estava no elemento Terra, no signo de Touro.

Uma forte presença de qualquer elemento (quatro ou mais) reflete um exagero nos atributos desse elemento. Uma presença fraca de qualquer elemento (um ou nenhum) reflete dificuldade para lidar com a esfera da vida simbolizada por esse elemento. Somos todos diferentes, e o equilíbrio entre os elementos é simplesmente um dado importante sobre a personalidade, não um julgamento sobre a estabilidade psicológica ou os talentos. O idealismo, o charme e a necessidade de se comunicar que tinha Marilyn Monroe (quatro planetas no elemento Ar), a sua imaginação fértil e tendência ao egocentrismo (dois planetas e o Ascendente no elemento Fogo) e a simpatia e sensibilidade emocional (quatro planetas no elemento Água) se combinaram para produzir uma personalidade vibrante e carismática. No entanto, por ter apenas um planeta no elemento Terra, ela encontrou dificuldade, ao longo da vida, para lidar com os limites da realidade material. A proporção entre os elementos revela que Marilyn precisava brilhar e ansiava por ser amada e reconhecida pelo maior número de pessoas possível. Ela se dava muito bem com a empolgação e glamour da carreira de atriz de cinema, mas achava penoso lidar com assuntos como autodisciplina, saúde, administração do tempo e do dinheiro e as inevitáveis limitações e decepções dos relacionamentos pessoais.

☉	Sol em Gêmeos	♊	♄	Saturno em Escorpião	♏
☽	Lua em Aquário	♒	⚷	Quíron em Touro	♉
☿	Mercúrio em Gêmeos	♊	♅	Urano em Peixes	♓
♀	Vênus em Áries	♈	♆	Netuno em Leão	♌
♂	Marte em Peixes	♓	♇	Plutão em Câncer	♋
♃	Júpiter em Aquário	♒	ASC	Ascendente em Leão	♌

As cartas dos signos e dos planetas na carta natal de Marilyn Monroe estão dispostas em suas posições sobre o pôster. Os signos de Água, Câncer, Escorpião e Peixes, estão claramente enfatizados, pois Câncer e Escorpião contêm cada um deles um planeta, e Peixes contém dois. O Fogo é forte, pois há dois planetas em Leão e um em Áries. O elemento Ar também é enfatizado, com dois planetas em Gêmeos e dois em Aquário. A Terra é o elemento mais fraco, com um único signo de Terra, Touro, contendo um planeta. Para uma descrição do posicionamento dos planetas no horário de nascimento de Marilyn, ver Parte Quatro.

PARTE QUATRO
COMBINAÇÕES INDIVIDUAIS

O Sol

O Sol no elemento Fogo reflete a importância da autoexpressão e descreve a necessidade de encontrar um campo de trabalho em que seja possível dar forma às ideias criativas.

O Sol em Áries ♈

Qualquer pessoa nascida com o Sol em Áries precisa descobrir um sentimento de força pessoal por meio do exercício da iniciativa e da expressão de ideias originais. O Sol em Áries precisa encontrar canais apropriados através dos quais o entusiasmo, a visão, o amor ao desafio e um espírito competitivo e explorador possam ser demonstrados. Os arianos muitas vezes não se sentem confortáveis como membros de comitês, e se sentem mais realizados trabalhando em uma esfera em que haja muito espaço para o pensamento inovador, a tomada de decisões independentes e um mínimo de estrutura hierárquica.

O Sol em Leão ♌

Qualquer pessoa nascida com o Sol em Leão precisa encontrar um lugar na vida onde possa brilhar e ser reconhecida como alguém especial. O Sol em Leão precisa descobrir saídas criativas em que a originalidade e o estilo pessoal carismático possam ser expressos, e em que haja uma plateia apreciativa para admirar os seus esforços. Como os leoninos detestam esconder seus talentos ou compartilhar os holofotes com os outros, eles vão se sentir mais satisfeitos em uma esfera de trabalho em que possam seguir um senso de destino pessoal e alcançar reconhecimento por meio da própria excelência.

O Sol em Sagitário ♐

Qualquer pessoa nascida com o Sol em Sagitário precisa buscar o conhecimento por meio de viagens físicas ou intelectuais que alarguem os horizontes e propiciem uma visão mais ampla da vida. Inquieto e facilmente entediado depois que um objetivo foi alcançado, o Sol em Sagitário precisa de muita liberdade para se deslocar de um projeto para outro, encontrando um novo entusiasmo por meio de fontes variadas de aprendizado e experiência. Os sagitarianos ficam bem mais felizes e satisfeitos em uma esfera de trabalho em que a mente seja constantemente desafiada e as relações entre diferentes campos do conhecimento possam ser exploradas.

O Sol no elemento Terra reflete a importância da ordem e da estabilidade, e descreve a necessidade de dar uma contribuição prática e útil para a vida pessoal e coletiva.

O Sol em Touro ♉

Qualquer pessoa que nasce com o Sol em Touro precisa trabalhar de maneira lenta e firme para a aquisição de valores permanentes e estruturas materiais estáveis. Embora possam demorar algum tempo para formular objetivos e encontrar uma direção, os taurinos se ressentem quando são pressionados e têm necessidade de seguir no seu próprio ritmo, independentemente das expectativas dos outros. A autossuficiência e um sentimento de orgulho por contribuir de forma sólida e duradoura com a família e a sociedade são provavelmente importantes para o taurino maduro, que confia cada vez mais nos valores tradicionais testados pelo tempo.

O Sol em Virgem ♍

Qualquer pessoa nascida com o Sol em Virgem precisa criar um senso de ordem e harmonia por meio da aquisição de conhecimento e de habilidades que possibilitem uma contribuição prática ao ambiente. Sentir-se útil é muito importante para o virginiano, cuja curiosidade intensa sobre uma grande variedade de coisas é muitas vezes combinada com o desejo de compartilhar conhecimento com outras pessoas. Às vezes nervoso e assustado com mudanças imprevisíveis, o virginiano se sente mais preenchido em uma esfera de trabalho que combine variedade intelectual com a oportunidade de ser útil a indivíduos ou à comunidade.

O Sol em Capricórnio ♑

Qualquer pessoa nascida com o Sol em Capricórnio precisa desenvolver autoestima e um sentimento profundo de autoridade por meio do trabalho lento e paciente para alcançar uma posição de responsabilidade no mundo. Os capricornianos precisam sentir que estão criando algo duradouro que perdurará depois que eles se forem, e se sentem mais satisfeitos em uma esfera de trabalho que lhes permita exercer autoridade e tomar decisões práticas que melhorem a vida dos outros. Em geral inseguro na juventude, Capricórnio desenvolve, com a passagem do tempo, um senso de solidez interior.

O Sol no elemento Ar reflete a importância das ideias e ideais, e descreve a necessidade de formular um código pessoal de ética como base para a escolha e a ação individuais.

O Sol em Gêmeos ♊

Qualquer pessoa nascida com o Sol em Gêmeos precisa adquirir uma base de conhecimento tão ampla quanto possível para satisfazer um estado permanente de curiosidade intelectual. Os geminianos se entediam facilmente e muitas vezes resistem a limitar sua busca a uma só direção. Precisam de desafio mental constante e ficam mais satisfeitos em uma esfera de trabalho que lhes permita fazer ligações entre diferentes esferas de conhecimento. O contato com as pessoas também é importante, e Gêmeos precisa de liberdade para se comunicar com contatos tanto pessoais quanto profissionais que representem uma gama ampla de opiniões.

O Sol em Libra ♎

Qualquer pessoa nascida com o Sol em Libra precisa expressar ideais de harmonia e beleza por meio de empreendimentos que tragam uma ordem e um equilíbrio maiores ao ambiente e à sociedade. Muitas vezes talentoso nas artes ou na interação grupal, o libriano pode ser um excelente organizador, e se sente mais satisfeito em um campo de trabalho que lhe permita se envolver em aventuras cooperativas que promovam mudanças positivas no ambiente. Mais forte e tenaz do que aparenta ser, o libriano precisa primeiro definir seus objetivos pessoais que incorporem sua visão de um mundo melhor e mais feliz.

O Sol em Aquário ♒

Qualquer pessoa nascida com o Sol em Aquário precisa se sentir parte de uma família humana maior, por meio de empreendimentos cooperativos que criem mudanças positivas no ambiente. Seja dentro da família ou em atividades mais amplas e impessoais, os aquarianos são reformadores naturais, que cultivam uma visão ideal de como o potencial humano pode se desenvolver melhor. Eles se sentirão mais satisfeitos numa esfera de trabalho que amplie a consciência e melhore a condição humana, particularmente por meio da aplicação do conhecimento psicológico, científico ou político.

O Sol no elemento Água reflete a importância do relacionamento e descreve a necessidade de proximidade e de compartilhar experiências emocionais, imaginativas e espirituais.

O Sol em Câncer ♋

Qualquer pessoa nascida com o Sol em Câncer precisa se sentir ligada ao passado por meio da história e de interações emocionais com as outras pessoas. Mais resistentes e pertinazes do que parecem, os cancerianos avançam cautelosamente na direção de seus objetivos, que eles podem não revelar aos outros até que consigam alcançá-los. O Sol em Câncer se sentirá bem mais satisfeito num campo de trabalho que lhe proporcione muito contato humano, e a sensação de que está ajudando a preservar os valores tradicionais e as raízes da família, da comunidade e da nação.

O Sol em Escorpião ♏

Qualquer pessoa nascida com o Sol em Escorpião precisa se sentir conectada com os níveis mais profundos da vida por meio de atividades que desvendem os segredos da natureza humana. Orgulhoso e intenso, Escorpião ficará mais satisfeito numa esfera de trabalho que lhe propicie autonomia e profundo comprometimento emocional – objetivos materiais apenas raramente o satisfazem. Sensível a atmosferas psíquicas, Escorpião precisa de privacidade e liberdade para perseguir seus objetivos sem pressão ou interferência de patrões ou hierarquias corporativas.

O Sol em Peixes ♓

Qualquer pessoa nascida com o Sol em Peixes precisa vivenciar a unidade da vida por meio do envolvimento com uma profissão que lhe permita ao máximo uma conexão emocional e inclusiva com outras pessoas. Muitas vezes extremamente imaginativo, intuitivo e até místico, Peixes será mais feliz e se sentirá mais preenchido numa esfera de trabalho que lhe permita traduzir seu rico mundo interior em contribuições artísticas, científicas e humanitárias, que reflitam seu profundo entendimento da natureza humana (e empatia por ela) e seu senso de realidades que transcendem o mundo físico.

A Lua
— ☽ —

A Lua no elemento Fogo reflete vivacidade emocional e demonstra a necessidade de expressar e receber sentimentos de maneira espontânea, entusiasmada e individualista.

A Lua em Áries ♈

Qualquer pessoa nascida com a Lua em Áries tende a expressar sentimentos impulsiva e diretamente, sem levar em consideração as necessidades ou opiniões dos outros. Intensa, impaciente e às vezes abrupta, a Lua em Áries adora desafios e excitação no intercâmbio emocional, e pode se sentir inquieta e se mostrar queixosa se o cotidiano for muito monótono e seguro. A busca do difícil, até do inalcançável, pode ser profundamente atraente para a Lua em Áries, e a necessidade de ser a primeira em qualquer situação pessoal às vezes pode criar uma atitude extremamente competitiva, assertiva e impetuosa.

A Lua em Leão ♌

Qualquer pessoa nascida com a Lua em Leão tende a expressar sentimentos de maneira extravagante e com grande intensidade. Orgulhosa e sensível com relação à própria imagem, a Lua em Leão adora ser o centro das atenções e pode ficar ressentida e deprimida se o cotidiano não tiver colorido, inspiração e oportunidades de ser teatral. Generosidade, constância, devoção e um senso de honra são qualidades inatas, mas a Lua em Leão tende a não sofrer em silêncio e precisa de muita lealdade, apreciação e forte reação emocional das outras pessoas.

A Lua em Sagitário ♐

Qualquer pessoa nascida com a Lua em Sagitário tende a expressar sentimentos de maneira volátil e energética. Existe muitas vezes um senso de deslumbramento infantil e de entusiasmo com a vida. A Lua em Sagitário precisa que o cotidiano contenha muitas aventuras novas e empolgantes e novas e gloriosas oportunidades. Rotina demais ou restrições nos relacionamentos podem causar intensa frustração, tédio e ressentimento, e uma companhia interessante na grande jornada da vida é invariavelmente mais desejável a uma existência segura, mas com poucos atrativos.

A Lua no elemento Terra reflete autocomedimento emocional e constância, e demonstra a necessidade de expressar e receber sentimentos de maneiras fisicamente demonstráveis.

A Lua em Touro ♉

Qualquer pessoa nascida com a Lua em Touro tende a expressar sentimentos de maneira concreta, canalizando emoções em afeição física e cuidados com relação aos entes queridos. A natureza emocional é pacífica, com uma forte necessidade de conforto e gratificação sensual e a garantia de um ambiente material estável. Embora demore a ficar com raiva, a Lua em Touro pode ser surpreendentemente rancorosa quando pressionada demais. Mudanças inesperadas – sejam nos relacionamentos pessoais ou nas rotinas diárias – podem provocar ansiedade e uma teimosa resistência a qualquer nova aventura ou ideia.

A Lua em Virgem ♍

Qualquer pessoa nascida com a Lua em Virgem tende a expressar sentimentos de maneira refinada e extremamente controlada, mostrando afeição por meio de auxílio e não por evidentes demonstrações de afeto. Existe grande delicadeza de sentimentos, com uma forte necessidade de ordem e ritual nos relacionamentos e no ambiente imediato. Para a Lua em Virgem, a ameaça de ruptura é capaz de provocar considerável ansiedade e angústia, que podem ser expressas apenas por sintomas físicos desagradáveis. Uma superfície fria e contida muitas vezes faz com que os outros subestimem seu comprometimento emocional.

A Lua em Capricórnio ♑

Qualquer pessoa nascida com a Lua em Capricórnio tende a expressar sentimentos de maneira extremamente disciplinada, demonstrando amor por meio de duradouro comprometimento e serviço, em vez de demonstrar emoções. Existe uma profunda necessidade de estrutura e estabilidade nos relacionamentos e na vida doméstica, e um forte senso de responsabilidade com relação aos entes queridos pode ser mais importante do que a gratificação imediata dos desejos pessoais. Leal, confiável e devotado, mas às vezes dolorosamente tímido, aquele com a Lua neste signo raramente expõe suas emoções abertamente.

A Lua no elemento Ar reflete refinamento emocional e demonstra a necessidade de expressar e receber sentimentos de modo civilizado, amistoso e cortês.

A Lua em Gêmeos ♊

Qualquer pessoa nascida com a Lua em Gêmeos tende a expressar sentimentos de uma maneira vívida, espirituosa e bem articulada. Embora temperamental e excêntrica, a Lua em Gêmeos pode muitas vezes oferecer racionalizações para qualquer mudança de humor e não raro demonstra discrepância entre as reações emocionais e as explicações que dá a elas. Vivaz, falante e inconstante, a Lua em Gêmeos busca harmonia intelectual e instintiva nos relacionamentos pessoais, preferindo leveza, graça e boa comunicação a uma atmosfera de intensidade emocional.

A Lua em Libra ♎

Qualquer pessoa nascida com a Lua em Libra tende a expressar sentimentos de maneira refinada e civilizada. O amor é demonstrado de maneira ética e justa, e emoções como ciúme ou raiva, que podem provocar conflitos ou ser muito exigentes, são muitas vezes controladas e não reconhecidas. A Lua em Libra precisa de uma atmosfera de graça e harmonia na vida pessoal e muitas vezes tem um dom instintivo para a diplomacia e o tato em todos os relacionamentos. A gentileza, a cortesia e a bondade são inatas, e a grosseria dos outros pode causar desagrado profundo e duradouro.

A Lua em Aquário ♒

Qualquer pessoa nascida com a Lua em Aquário tende a expressar sentimentos de maneira que reflete elevados padrões de decência e integridade. Emoções que poderiam ser consideradas egoístas ou exigentes demais são muitas vezes controladas ou não reconhecidas. A Lua em Aquário precisa de apoio emocional do grupo tanto na vida profissional quanto pessoal e pode sacrificar sua felicidade pessoal em prol do ideal coletivo. Capaz de grande lealdade e comprometimento, a Lua em Aquário pode ser ética e orgulhosa demais para pedir ajuda ou apoio a outras pessoas.

A Lua no elemento Água reflete profundidade e intensidade emocional, e descreve a necessidade de expressar e receber sentimentos de maneira sensível, fluida e sutil.

A Lua em Câncer ♋

Qualquer pessoa nascida com a Lua em Câncer tende a expressar sentimentos de maneiras sutis, que preservam uma atmosfera de proximidade emocional. Com receio da solidão e com inclinação a dar bastante importância aos laços familiares, a Lua em Câncer é leal, compreensiva e devotada, mas pode demonstrar relutância para conceder independência emocional aos outros. Sensibilidade e compaixão são muitas vezes combinadas com a necessidade de cuidar dos outros. O autossacrifício pode ser sincero e oferecido de coração, mas para a Lua em Câncer isso também significa aprisionar os entes queridos em laços fortes de dependência emocional.

A Lua em Escorpião ♏

Qualquer pessoa nascida com a Lua em Escorpião tende a expressar sentimentos de maneiras indiretas, que encobrem sua verdadeira intensidade. Às vezes praticamente mediúnica, a Lua em Escorpião é dotada de uma percepção instintiva dos motivos das outras pessoas. Capaz de manter laços passionais e duradouros, embora seja orgulhosa e rancorosa diante da dor e da humilhação, a pessoa nascida com a Lua em Escorpião pode se assustar com o potencial controle que os entes queridos podem exercer sobre ela. Existe muitas vezes conflito entre o desejo de proximidade e o medo de ficar à mercê dos outros, devido a sentimentos de dependência e necessidade.

A Lua em Peixes ♓

Qualquer pessoa nascida com a Lua em Peixes tende a expressar sentimentos de maneira gentil, fluida, que reflete a indefinição das fronteiras emocionais entre o indivíduo e os outros. Extremamente intuitiva e compassiva, mas às vezes passiva demais, a Lua em Peixes tende a sentir o que os outros sentem e é incomumente receptiva à atmosfera emocional coletiva. Com receio do excesso de separação, a Lua em Peixes pode preferir a infelicidade pessoal e a autoabnegação ao risco de ficar sozinha, e pode ser facilmente usada por outras personalidades mais egocêntricas.

Mercúrio
— ☿ —

Mercúrio no elemento Fogo descreve uma mente que percebe intuitivamente, captando o quadro mais amplo com seus significados intrínsecos em vez de observar os detalhes práticos.

Mercúrio em Áries ♈

Qualquer pessoa nascida com Mercúrio em Áries entende a vida por meio de lampejos repentinos de percepção instintiva, que revelam potenciais, mas muitas vezes não consideram fatos objetivos ou a opinião dos outros. Existe grande energia mental, mas a concentração depende de explosões de entusiasmo, e para a pessoa nascida com Mercúrio em Áries, pode ser difícil sustentar o interesse se for preciso levar em conta muitos detalhes. Mercúrio em Áries aprende melhor quando é intelectualmente desafiado a produzir ideias inovadoras que não requeiram uma análise sistemática. O aprendizado por repetição é uma rota segura para a impaciência e o tédio.

Mercúrio em Leão ♌

Qualquer pessoa nascida com Mercúrio em Leão entende a vida comparando-a com sua visão interior de realidade. A autoexpressão é muito mais importante do que a memorização de informações, e os fatos podem entrar em conflito com sua interpretação ricamente imaginativa e às vezes extremamente subjetiva dos acontecimentos e das pessoas. As experiências tendem a ser imbuídas de padrões, cores e significados míticos. Mercúrio em Leão aprende melhor quando pode fazer uma contribuição pessoal criativa, do que quando se restringe a um processo rígido e pouco imaginativo de desenvolvimento intelectual.

Mercúrio em Sagitário ♐

Qualquer pessoa nascida com Mercúrio em Sagitário entende a vida explorando e se ligando a uma ampla gama de ideias, e formulando uma visão inclusiva. Os fatos são menos relevantes do que as possibilidades, e uma percepção intuitiva das conexões significativas é muitas vezes elegantemente desenvolvida. O âmbito de interesses é variado e pode ser difícil focar a mente num único canal de estudo. A pessoa com Mercúrio em Sagitário aprende melhor quando tem permissão para seguir livremente seu entusiasmo intelectual, sem ficar aprisionada numa interpretação excessivamente materialista da realidade.

Mercúrio no elemento Terra descreve uma mente que percebe as realidades muito mais do que as abstrações, e é bem equipada para compreender os mecanismos do mundo material.

Mercúrio em Touro ♉

Qualquer pessoa nascida com Mercúrio em Touro entende a vida por meio de um processo gradativo de armazenamento de fatos e da formulação de conclusões firmes baseadas na experiência direta. Paciente, pragmático e meticuloso, Mercúrio em Touro pode não demonstrar todo o seu potencial mental na juventude, pois o indivíduo precisa acumular experiência suficiente para se sentir confiante com relação às suas opiniões e julgamentos. Abstrações não relacionadas ao dia a dia são muitas vezes pouco interessantes e até ameaçadoras. Mercúrio em Touro aprende melhor quando pode agir no seu próprio ritmo, sem ser pressionado.

Mercúrio em Virgem ♍

Qualquer pessoa nascida com Mercúrio em Virgem entende a vida por meio de um complexo processo em que tece fragmentos detalhados de experiência até formar um todo coerente e ordenado. O poder de análise é muitas vezes extremamente desenvolvido, e a versatilidade e a clareza caracterizam o pensamento e a expressão. Acontecimentos e afirmações confusas e ambíguas lhe parecem ameaçadores e precisam ser definidos e adaptados ao seu padrão geral. Mercúrio em Virgem aprende melhor quando tem ao seu alcance informações claras que podem ser digeridas independentemente da interferência dos outros.

Mercúrio em Capricórnio ♑

Qualquer pessoa nascida com Mercúrio em Capricórnio entende a vida mensurando eventos e experiências com base numa estrutura de ideias comprovadas que ela desenvolve lentamente. O pensamento especulativo é algo de que Mercúrio em Capricórnio desconfia profundamente, e, antes que qualquer julgamento seja considerado verdadeiro e confiável, a interpretação pessoal precisa ser perpetuamente testada com base na experiência do passado. Mercúrio em Capricórnio é disciplinado, meticuloso e capaz de profunda concentração. Mas o indivíduo pode ser relutante em expressar ideias originais, caso não estejam fundamentadas em provas objetivas ou não expressem o consenso coletivo.

Mercúrio no elemento Ar descreve uma mente capaz de formular conceitos, perceber padrões e organizar ideias, usando a faculdade da análise lógica para elucidar a experiência.

Mercúrio em Gêmeos ♊

Qualquer pessoa nascida com Mercúrio em Gêmeos entende a vida aprendendo um pouquinho sobre tudo. A curiosidade intensa sobre assuntos diversos, combinada com percepções rápidas, torna o indivíduo apto a juntar fatos dispersos e chegar a conclusões rápidas, adquirindo, portanto, grande amplitude de conhecimentos ao longo da vida. Aprender por puro prazer pode ser uma alegria, disciplinar uma mente inquieta pode ser uma tarefa longa e difícil. Mercúrio em Gêmeos aprende melhor quando tem desafios intelectuais novos e constantes e é estimulado pelas ideias de outras pessoas.

Mercúrio em Libra ♎

Qualquer pessoa nascida com Mercúrio em Libra entende a vida avaliando julgamentos pessoais com base nas opiniões e interpretações dos outros. A reflexão e a comparação lhe dão meios crescentes de adquirir pontos de vista objetivos, justos e equilibrados. Ela pode ser talentosa em áreas como a matemática, a arquitetura ou a música, que requerem um profundo entendimento da simetria e do relacionamento entre as ideias. Mercúrio em Libra aprende melhor por meio da inspiração que lhe propiciam as discussões e os debates.

Mercúrio em Aquário ♒

Qualquer pessoa nascida com Mercúrio em Aquário entende a vida por meio da exploração de padrões subjacentes que ordenam acontecimentos e experiências. A mente é sistemática e bem sintonizada com o pensamento abstrato, e os conceitos têm uma realidade e importância tão grandes quanto a percepção sensorial. A verdade objetiva é algo que esse indivíduo busca por prazer, e ele tem muitas vezes um talento especial para perceber os princípios básicos que sustentam qualquer campo de conhecimento. Mercúrio em Aquário aprende melhor quando pode explorar estruturas conceituais mais amplas, sem dar muita ênfase aos detalhes periféricos.

Mercúrio no elemento Água descreve a mente que percebe por meio das lentes do instinto e do sentimento, e é capaz de profundos lampejos intuitivos.

Mercúrio em Câncer ♋

Qualquer pessoa nascida com Mercúrio em Câncer entende a vida por meio de um processo sutil de testar cada experiência com base num senso instintivo da verdade. A memória não raro é muito boa, mas pode ser difícil articular ideias, pois elas são mais sentidas do que conceitualizadas. Existe frequentemente uma forte sensibilidade artística, pois a poesia, a música e as imagens visuais transmitem as complexas percepções de Câncer com muito mais eficácia do que as explicações lógicas. Mercúrio em Câncer aprende melhor quando a informação é relevante para atender às necessidades, aos sentimentos e às aspirações humanas.

Mercúrio em Escorpião ♏

Qualquer pessoa nascida com Mercúrio em Escorpião entende a vida por meio da percepção intuitiva das realidades intangíveis que existem sob a superfície dos acontecimentos e das situações. A sua mente é perita em penetrar nas dimensões emocionais e espirituais ocultas da experiência, e existe muitas vezes uma sensibilidade aguda com relação aos sentimentos e motivos inconscientes das outras pessoas. Mercúrio em Escorpião adora descobrir o que os outros não perceberam e pode ter um dom especial para complexos trabalhos de pesquisa. O indivíduo aprende melhor quando pode mergulhar de cabeça no campo de estudo que escolheu.

Mercúrio em Peixes ♓

Qualquer pessoa nascida com Mercúrio em Peixes entende a vida com base na captação instintiva dos sentimentos dos outros e no cabedal de experiência coletiva. A imaginação é uma fonte mais inspiradora de conhecimento do que a realidade manifesta, e pode haver uma compreensão intuitiva das verdades científicas que precedem a comprovação dos fatos observados. Música, poesia, teatro e artes visuais são muitas vezes os veículos preferidos para os *insights* de Peixes sobre a condição humana. Mercúrio em Peixes aprende melhor quando pode ligar a informação com níveis mais profundos e inclusivos da psique.

Vênus
— ♀ —

Vênus no elemento Fogo reflete um ideal de amor que é cheio de empolgação romântica, de inspiração e da visão de potenciais futuros para a felicidade.

Vênus em Áries ♈

Qualquer pessoa nascida com Vênus em Áries busca relacionamentos que oferecem desafio e excitação constantes e que atiçam a imaginação, ao mesmo tempo em que lhe dão satisfação instintiva. A busca de um objeto de amor indefinível pode ser mais compensadora do que a previsibilidade confortável de um relacionamento confiável, pois Vênus em Áries adora uma boa controvérsia que teste recursos interiores. Embora capaz de profunda lealdade, Vênus em Áries também pode exibir um espírito fortemente competitivo e novas conquistas periódicas podem ser um meio de reafirmar sua potência pessoal.

Vênus em Leão ♌

Qualquer pessoa nascida com Vênus em Leão busca relacionamentos que incorporem o drama e o romance intensos de um conto arturiano. O amor é visto como uma força espiritual que dá à vida nobreza e significado, e qualquer sofrimento ou sacrifício se justifica para conquistá-lo. Pode haver uma tendência de se apaixonar mais pela imagem ideal da pessoa do que pela sua realidade. Leal e generoso, Vênus em Leão é mais feliz no papel de regente magnânimo, prefere ser o protetor que dá e às vezes sente dificuldade para permitir aos entes queridos verdadeira igualdade emocional.

Vênus em Sagitário ♐

Qualquer pessoa nascida com Vênus em Sagitário busca relacionamentos que expandam a consciência, inspirem o intelecto e liberem potenciais adormecidos. Uma companhia capaz de compartilhar as grandes aventuras da vida é essencial para a satisfação pessoal, e muita domesticidade acolhedora pode provocar um forte desejo de fugir e buscar façanhas mais excitantes. Sem falsidade e capaz de grande lealdade, Vênus em Sagitário, porém, busca secretamente um amante permanente em vez de um cônjuge, e é mais feliz quando o parceiro pode atender a essa necessidade com um espírito de descontração no amor.

Vênus no elemento Terra reflete um ideal de amor que é confiável, estável e amigo na vida diária, e realista o suficiente para aceitar os sentimentos humanos comuns.

Vênus em Touro ♉

Qualquer pessoa nascida com Vênus em Touro busca relacionamentos que possam resistir aos testes do tempo e das circunstâncias. Com uma paciência infinita com as fraquezas dos entes queridos, Vênus em Touro é capaz de oferecer um compromisso inquebrantável, mas pode preferir uma segurança que lhe traga infelicidade a uma compensação emocional que represente um futuro instável. Leal e respeitoso com relação aos valores tradicionais, Vênus em Touro é mais feliz dando e recebendo demonstrações concretas de afeto, e pode ignorar ou rejeitar expressões mais ilusórias, que não ofereçam provas tangíveis de devoção.

Vênus em Virgem ♍

Qualquer pessoa nascida com Vênus em Virgem busca relacionamentos que sejam refinados, ritualizados e intelectualmente estimulantes. Cortesia e respeito mútuo pelas fronteiras pessoais são extremamente importantes, e existe pouca tolerância com relação aos aspectos mais rudes da interação humana. Às vezes tímido para expressar fortes emoções, o indivíduo prefere demonstrar lealdade e afeição por meio de pequenos atos de serviço aos entes queridos. Gentil e prestativo por natureza, Vênus em Virgem pode demonstrar uma timidez dolorosa que é muitas vezes interpretada como indiferença.

Vênus em Capricórnio ♑

Qualquer pessoa nascida com Vênus em Capricórnio busca relacionamentos que lhe propiciem uma estrutura estável e contribuam para a estabilidade social ou profissional. Profundamente responsável e protetor com relação aos entes queridos, o indivíduo pode, porém, não reconhecer a importância de expressões menos tangíveis de amor. Respeito pelos valores tradicionais e uma aceitação realista da natureza humana lhe dão a base para a afeição duradoura. Mas a resistência à mudança pode dificultar que laços duradouros tomem novas direções, depois que um *status quo* aceitável foi atingido.

Vênus no elemento Ar reflete um ideal de amor em que um verdadeiro encontro entre mentes e espíritos preenche preceitos éticos bem como expectativas emocionais.

Vênus em Gêmeos ♊

Qualquer pessoa nascida com Vênus em Gêmeos busca relacionamentos que propiciem uma companhia estimulante do ponto de vista intelectual. Embora capaz de oferecer lealdade e comprometimento, Vênus em Gêmeos adora flertar e precisa de uma grande variedade de contatos para satisfazer sua intensa curiosidade com relação às outras pessoas. A troca de interesses intelectuais, artísticos, espirituais ou comerciais é mais satisfatória do que os intercâmbios emocionais intensos ou uma rotina diária destituída de conversas inspiradoras. Vênus em Gêmeos é mais feliz quando a inteligência e a argúcia fazem parte da interação humana.

Vênus em Libra ♎

Qualquer pessoa nascida com Vênus em Libra busca relacionamentos harmoniosos que incorporem elevados ideais de justiça e decência. Cortesia, bondade e comunicação inteligente importam muito, e Vênus em Libra tem pouca tolerância com mau humor, brigas e demonstrações rotineiras de egoísmo, típicas da maioria dos relacionamentos românticos. A expressão de ciúme, raiva e agressividade pode entrar em conflito com uma necessidade profunda de acordos racionais, e um forte senso de justiça pode exigir que os entes queridos adotem códigos de comportamento extremamente estruturados.

Vênus em Aquário ♒

Qualquer pessoa nascida com Vênus em Aquário busca relacionamentos que propiciem amizade e ideais compartilhados. A necessidade de espaço para respirar pode fazer com que a intensidade emocional do outro pareça algo claustrofóbico, e pode ser difícil para Vênus em Aquário atender às necessidades emocionais dos entes queridos, caso elas não sejam expressas de um modo racional. Fortes princípios éticos conferem a Vênus em Aquário lealdade, tolerância e uma disposição para aceitar grandes diferenças de opinião e pontos de vista nos relacionamentos estreitos, e um profundo senso de integridade faz com que esse nativo tenha repugnância por qualquer tipo de mentira ou engano.

Vênus no elemento Água reflete um ideal de amor em que a dissolução das barreiras individuais permite uma fusão profunda dos sentimentos e personalidades.

Vênus em Câncer ♋

Qualquer pessoa nascida com Vênus em Câncer busca relacionamentos que propiciem a sensação de que se pertence emocionalmente a outra pessoa. Há muitas vezes fortes laços de carinho e amizade na família e pronunciada nostalgia com relação ao passado. Gentil e romântico, Vênus em Câncer é também afetuoso e devotado. Mas a possessividade com relação a quem ama pode resultar em relutância a permitir que o outro conquiste independência emocional. A extrema sensibilidade à rejeição e uma grande memória para mágoas passadas podem deixá-lo na defensiva e dar origem a uma aparência de frieza, mas Vênus em Câncer sente intensamente e dá grande importância aos laços profundos e duradouros.

Vênus em Escorpião ♏

Qualquer pessoa nascida com Vênus em Escorpião busca relacionamentos que propiciem profundidade e intensidade emocionais e potencial para a transformação pessoal. Laços frouxos não interessam muito, mas existe uma capacidade de autossacrifício total e devoção com relação a alguém muito amado. Vênus em Escorpião pode ser extremamente possessivo e a lealdade do parceiro precisa estar além de qualquer suspeita. A traição e a humilhação são raramente perdoadas ou esquecidas, e experiências dolorosas precoces podem produzir uma aparência orgulhosa de desapego que esconde grande vulnerabilidade e carência.

Vênus em Peixes ♓

Qualquer pessoa nascida com Vênus em Peixes busca relacionamentos que propiciem uma experiência mágica e transcendente de fusão emocional. Existe uma forte inclinação para sacrificar necessidades pessoais em favor de um ideal de amor altruísta e muito tempo pode ser gasto na busca pela união perfeita. Vênus em Peixes sente profunda empatia por aqueles que estão em dificuldade ou sofrendo, e a compaixão ou até a pena pode influenciar a escolha do parceiro. A desilusão pode acontecer quando os entes queridos se revelam simples mortais.

Marte
♂

Marte no elemento Fogo reflete grande quantidade de energia física e um desejo natural que é impulsivo, voluntarioso e impaciente com relação aos limites do dia a dia.

Marte em Áries ♈

Qualquer pessoa nascida com Marte em Áries expressa sua vontade e desejo pessoais de maneira direta, descomplicada e vigorosa. A iniciativa e a coragem são inspiradas pela competição e pela oportunidade de vencer. Marte em Áries tem um espírito combativo e destemido, e uma disputa entusiasmada pode proporcionar alívio para a sua energia inesgotável. Geralmente ele demonstra grande impaciência com as situações que requeiram um trabalho lento e cuidadoso ou que representem um desafio físico ou mental insuficiente. Marte em Áries trabalha melhor se lhe permitirem demonstrar suas capacidades pessoais sem exigir que espere pelos mais vagarosos.

Marte em Leão ♌

Qualquer pessoa nascida com Marte em Leão expressa sua vontade e desejo pessoais de maneira vigorosa e às vezes extravagante, que não tolera oposição. O magnetismo e a vitalidade combinam-se com a força de propósito para garantir que seus objetivos sejam atingidos. Pode haver, porém, alguma dificuldade para reconhecer a realidade objetiva dos desejos, necessidades e pontos de vista de outras pessoas. O indivíduo pode, mesmo sem intenção, ser impetuoso ou imperioso demais ao impor sua vontade em situações que requerem maior flexibilidade e cooperação. Marte em Leão trabalha melhor se lhe derem a chance de dirigir o espetáculo.

Marte em Sagitário ♐

Qualquer pessoa nascida com Marte em Sagitário expressa sua vontade e desejo pessoal de maneira entusiasmada e impulsiva. A energia tende a fluir para muitos interesses e projetos diferentes, e pode se esgotar caso falte inspiração criativa. Para Marte em Sagitário a iniciativa é motivada pelos ideais, e, se a imaginação do indivíduo alçar voo, ele é capaz de grandes realizações. As dificuldades podem ser enfrentadas em situações que exigem paciência, disciplina e atenção aos detalhes práticos. Marte em Sagitário trabalha melhor se tiver liberdade de movimento, tanto físico quanto mental.

Marte no elemento Terra reflete uma energia física extremamente disciplinada e uma natureza do desejo que é terrena, sensual e focada na realização de metas.

Marte em Touro ♉

Qualquer pessoa nascida com Marte em Touro expressa sua vontade e desejo pessoais de maneira firme e determinada, que pode às vezes se tornar inflexível. Existem grandes reservas de força física e a capacidade de trabalhar com empenho e por muito tempo para alcançar objetivos práticos. Vagaroso para iniciar novas atividades, Marte em Touro, depois de entrar em ação, pode demonstrar total dedicação, independentemente de oposições ou dificuldades. Marte em Touro pode não reconhecer quando é hora de desistir de algo, e sua teimosia é capaz de criar amarras entre o indivíduo e objetivos pessoais e profissionais sem futuro.

Marte em Virgem ♍

Qualquer pessoa nascida com Marte em Virgem expressa sua vontade e desejo pessoais de maneira cuidadosa e extremamente controlada, assumindo pouco ou nenhum risco. A energia é forte e sadia, mas muitas vezes está sujeita a mudanças cíclicas causadas pela tensão. Capaz de considerável disciplina e grande capacidade de trabalho, Marte em Virgem pode ser motivado pela necessidade de se dedicar a uma atividade constante, em detrimento do bem-estar físico. A necessidade de segurança atrela os desejos às metas realizáveis, mas a preocupação com as finanças pode reprimir a iniciativa e manter o indivíduo preso a um trabalho pouco inspirador.

Marte em Capricórnio ♑

Qualquer pessoa nascida com Marte em Capricórnio expressa a vontade e o desejo pessoais de maneiras disciplinadas, que garantam a realização de suas elevadas ambições. Capaz de total comprometimento com objetivos a longo prazo e de resistir às vicissitudes da vida material, Marte em Capricórnio aborda as tarefas de maneira responsável e com grande determinação. Mas o indivíduo pode se esquecer de como relaxar quando o esforço não é mais necessário. Dotado de tenacidade, astúcia e instintiva capacidade de organização, Marte em Capricórnio pode achar difícil fazer coisas simplesmente por prazer.

Marte no elemento Ar reflete uma energia que é muitas vezes mais mental do que física. A natureza do desejo é moderada e refinada por ideais e pela necessidade de cooperar com os outros.

Marte em Gêmeos ♊

Qualquer pessoa nascida com Marte em Gêmeos expressa a vontade e o desejo pessoais de maneiras civilizadas, inteligentes e evasivas. A energia é errática e difícil de disciplinar, e, embora versátil, Marte em Gêmeos tende a abandonar projetos inacabados quando algo mais interessante aparece. Em geral fisicamente ágil e gracioso, o indivíduo pode também ser bem-sucedido em debates, discussões e comunicações entusiasmadas de ideias. Ativo e às vezes fisicamente tenso e inquieto, Marte em Gêmeos trabalha melhor quando a mente está totalmente ocupada e inspirada.

Marte em Libra ♎

Qualquer pessoa nascida com Marte em Libra expressa sua vontade e desejo pessoais de maneira refinada e graciosa, que se molda à vontade das outras pessoas. A busca pelos seus objetivos é civilizada e cooperativa, mas pode ser difícil para ela expressar raiva ou se envolver em competições explícitas. A ética modera a forte assertividade, mas o acúmulo de frustração pode trazer subitamente à tona uma raiva extrema que, por sua vez, causa preocupação caso deixe alguém ofendido. A iniciativa é inspirada pela aprovação e pela opinião de terceiros, e Marte em Libra trabalha melhor quando age em parceria ou em atividades de grupo.

Marte em Aquário ♒

Qualquer pessoa nascida com Marte em Aquário expressa sua vontade e desejo pessoais de maneiras contidas e moderadas pelos princípios éticos. Existe uma grande força e tenacidade, mas a energia só pode ser focada de maneira eficaz caso o indivíduo acredite no que está fazendo. Embora capaz de lutar em favor de outras pessoas, Marte em Aquário pode achar difícil atender às suas próprias necessidades. Instintivamente talentoso para atividades em equipe, Marte em Aquário tem uma refinada capacidade de organização e planejamento, e trabalha melhor quando tem chance de inspirar outras pessoas com a visão de progresso e mudança.

Marte no elemento Água reflete uma energia física oscilante e sua natureza é sensível e fortemente influenciada pela esfera emocional do ambiente.

Marte em Câncer ♋

Qualquer pessoa nascida com Marte em Câncer expressa a vontade e o desejo pessoais de maneira gentil, sutil e diplomática. Os níveis de energia são muitas vezes cíclicos e fortemente influenciados pelo seu humor. A necessidade de preservar a proximidade emocional pode tornar o indivíduo evasivo e relutante em expressar fortes sentimentos e necessidades, e o ressentimento pode surgir porque a gratificação pessoal é sacrificada em favor dos desejos dos outros. Tenaz, mas facilmente desestimulado pela rejeição ou pelo fracasso, Marte em Câncer trabalha melhor num ambiente em que as outras pessoas podem lhe dar apoio e estímulo.

Marte em Escorpião ♏

Qualquer pessoa nascida com Marte em Escorpião expressa sua vontade e desejo pessoais de maneira intensa, determinada e sutil. A energia física é geralmente elevada, mas existe uma capacidade considerável para a autodisciplina e o esforço empreendido em silêncio. Se o indivíduo abraça profundamente uma causa ou objetivo, ele pode demonstrar grande resistência, coragem, autoabnegação e disposição para superar obstáculos – às vezes a ponto de desconsiderar as necessidades dos outros. Marte em Escorpião trabalha melhor quando busca objetivos que inspirem um comprometimento passional.

Marte em Peixes ♓

Qualquer pessoa nascida com Marte em Peixes expressa sua vontade e desejo pessoais de maneira gentil, delicada e muitas vezes dissimulada. A energia pode não raro parecer irregular e a iniciativa depende do entusiasmo e do apoio emocional dos outros. Muitas vezes sonhador e indolente, Marte em Peixes trabalha melhor se a sua imaginação puder ser expressa por meio de projetos criativos. A inspiração criativa e o senso de conexão com os outros são necessários para a formulação de objetivos e, sem eles, Marte em Peixes pode achar difícil definir as suas aspirações ou afirmar necessidades pessoais.

Júpiter
— ♃ —

Júpiter no elemento Fogo reflete entusiasmo e confiança motivados pela visão, pela imaginação e por novas oportunidades para a autoexpressão criativa.

Júpiter em Áries ♈

Qualquer pessoa nascida com Júpiter em Áries renova sua fé na vida por meio de ideias e atitudes inovadoras, que demonstrem seu potencial como pessoa e deixem uma marca no mundo exterior. A esperança e a inspiração aumentam a cada desafio superado. A competição e a automitologização são fundamentais para o senso de bem-estar pessoal, não para demonstrar superioridade sobre os outros, mas para a pura alegria de se sentir vivo e cheio de energia. A vida é vista como uma grande aventura heroica, na qual o destino pessoal é atingido testando-se os recursos interiores contra a oposição encontrada no mundo.

Júpiter em Leão ♌

Qualquer pessoa nascida com Júpiter em Leão renova sua fé na vida desenvolvendo novas vias de autoexpressão. A esperança e a inspiração são motivadas cada vez que ela consegue reafirmar seu caráter único tanto na vida pessoal quanto na profissional. O trabalho criativo é muitas vezes fonte de profundo significado e de uma jornada de autodescoberta, e o indivíduo pode vivenciar uma forte sensação de destino pessoal, que o eleva acima da existência comum e doura o futuro com promessas mais atraentes. A vida é vista como um glorioso drama em que Júpiter em Leão representa o papel principal.

Júpiter em Sagitário ♐

Qualquer pessoa nascida com Júpiter em Sagitário renova sua fé na vida por meio de uma busca espiritual ou filosófica que confirma e elucida a natureza da experiência. Existe muitas vezes um amor pelo conhecimento, e a esperança e a inspiração são motivadas pelas viagens e pela compreensão crescente de outras raças, nações e culturas. A vida é vista como uma viagem carregada de significado e um lugar para aprender, regido por um poder ou divindade inteligente e benigno. A realização material é menos gratificante do que aprender o processo que leva a ela.

Júpiter no elemento Terra reflete entusiasmo e confiança motivados pela admiração sensual e por novas oportunidades de atingir objetivos materiais e intelectuais.

Júpiter em Touro ♉

Qualquer pessoa nascida com Júpiter em Touro renova sua fé na vida por meio da descoberta da força interior e da confiança em si. A afirmação de valores pessoais sólidos aumenta a confiança e a crença no futuro, enquanto a esperança e a inspiração são motivadas por cada novo encontro com a beleza da existência mundana. A natureza, a música, objetos belos e os prazeres do corpo geram fortes sentimentos de paz e bem-estar. A vida é vista como um lugar rico e gratificante, repleto de experiências satisfatórias que valem a pena ser vividas, mesmo sendo imperfeitas e difíceis.

Júpiter em Virgem ♍

Qualquer pessoa nascida com Júpiter em Virgem renova sua fé na vida descobrindo os padrões sutis contidos na realidade manifesta. A esperança e a inspiração são motivadas cada vez que se percebe a ordem inteligente em ação por trás do caos aparente do mundo externo. Existe muitas vezes adoração pelo artesanato, uma valorização da qualidade nos objetos materiais e uma fina sintonia com o ritmo, o ritual e os ciclos naturais. A vida é vista como um todo integrado que revela seu mais profundo significado por meio da exploração amorosa e cuidadosa de suas partes.

Júpiter em Capricórnio ♑

Qualquer pessoa nascida com Júpiter em Capricórnio renova sua fé na vida buscando a realização de desejos mundanos e concretizando seus sonhos da juventude. A esperança e a inspiração são motivadas a cada nova conquista e a cada constatação da competência e da habilidade pessoais. A confiança e a crença no futuro crescem à medida que o indivíduo descobre que consegue assumir responsabilidades de maneira eficaz e ganhar o respeito dos colegas e do grupo social. Metas pouco ambiciosas são vistas como um crime maior do que a demora ou o fracasso, e para Júpiter em Capricórnio a vida é o que a pessoa faz dela.

Júpiter no elemento Ar reflete entusiasmo e confiança motivados por novas oportunidades de desenvolvimento social, estético e intelectual na companhia de alguém que o compreende.

Júpiter em Gêmeos ♊

Qualquer pessoa nascida com Júpiter em Gêmeos renova sua fé na vida por meio de novos desafios intelectuais que mantêm a mente eternamente jovem. A esperança e a inspiração são motivadas pelas oportunidades de aprender algo novo e comunicar esse conhecimento aos outros. A educação e uma arena para a discussão e debate de ideias são fundamentais para a confiança e o bem-estar desse indivíduo. A vida é vista como uma viagem fascinante e sem fim de exploração mental, que nunca deve ser impedida pela idade, pelo sexo ou por circunstâncias sociais ou materiais.

Júpiter em Libra ♎

Qualquer pessoa com Júpiter em Libra renova sua fé na vida por meio dos potenciais de transformação oferecidos pelos relacionamentos. A esperança e a inspiração são motivadas pela troca de ideias e ideais com companhias com os mesmos interesses, e cada nova experiência de beleza e harmonia com outro indivíduo aumenta a sua confiança e crença na vida. Um parceiro que estimula e é estimulado pelos esforços criativos desse indivíduo é essencial para que ele sinta bem-estar. A vida é vista como uma jornada em que a maior parte das experiências significativas é descoberta na companhia de outras pessoas.

Júpiter em Aquário ♒

Qualquer pessoa nascida com Júpiter em Aquário renova a fé na vida por meio do compromisso profundo com ideais espirituais, sociais, científicos ou filosóficos. A esperança e a inspiração são motivadas por novas contribuições para a expansão da consciência de outras pessoas, e um senso de envolvimento com a família humana maior é essencial para os sentimentos de confiança e bem-estar. A realização de ambições materiais é raramente uma recompensa pessoal, pois a vida é vista como um todo inter-relacionado e em evolução contínua, cujo futuro depende da integridade e do esforço humanos.

Júpiter no elemento Água reflete entusiasmo e confiança motivados por novas dimensões de interação emocional e pela exploração do mundo interior.

Júpiter em Câncer ♋

Qualquer pessoa nascida com Júpiter em Câncer renova sua fé na vida aprofundando seu envolvimento emocional com parceiros, com a família, com a comunidade e com a nação. A esperança e a inspiração são motivadas a cada nova descoberta do coração humano dos outros. A exploração do passado – pessoal ou histórico – aumenta seu sentimento de continuidade e confiança, e a contribuição para o bem-estar da comunidade pode lhe propiciar um senso de ligação com uma fonte espiritual maior. Qualquer pessoa nascida com Júpiter em Câncer percebe a vida como um organismo vivo que se mantém coeso graças a laços de compaixão e necessidade mútua.

Júpiter em Escorpião ♏

Qualquer pessoa nascida com Júpiter em Escorpião renova sua fé na vida descobrindo níveis ocultos e forças que transcendem a realidade externa. A esperança e a inspiração são motivadas por novos encontros com camadas mais profundas, seja por meio do trabalho criativo ou de um intenso envolvimento emocional com outras pessoas. A exploração de dimensões físicas e psicológicas das experiências transforma a existência comum e aprofunda a confiança e a crença, por meio da revelação de significados e padrões secretos. A vida é vista como um organismo complexo cheio de mistério, profundidade e poder.

Júpiter em Peixes ♓

Qualquer pessoa nascida com Júpiter em Peixes renova sua fé na vida aumentando seu senso de união com as outras pessoas e com uma fonte mais elevada ou profunda. A esperança e a inspiração são motivadas pelas novas experiências de amor e compaixão pelos semelhantes, e aspirações religiosas ou espirituais podem impelir o indivíduo a se envolver com trabalhos de cura. Os recursos inesgotáveis da imaginação podem também ser uma fonte de nutrição. A vida é vista como uma unidade misteriosa cujo significado é revelado apenas se houver disposição para renunciar ao eu.

Saturno
— ♄ —

Saturno no elemento Fogo reflete a necessidade de encontrar segurança e autossuficiência por meio de esforços criativos que definam seu caráter especial no mundo lá fora.

Saturno em Áries ♈

Qualquer pessoa nascida com Saturno em Áries precisa insistentemente se sentir poderosa e influente com relação ao ambiente em que vive. Pode haver um medo profundo de ser subjugada pela vontade de outras pessoas. Um de seus mecanismos de defesa muitas vezes é a tendência inconsciente para competir e uma sensibilidade incomum para se sentir pressionada ou vítima de maus-tratos. Embora expressões de sua natureza voluntariosa possam ser controladas ou até reprimidas, Saturno em Áries anseia secretamente comandar o espetáculo. O indivíduo pode vivenciar um ressentimento intenso, caso seja obrigado a representar um papel secundário na vida pessoal ou profissional.

Saturno em Leão ♌

Qualquer pessoa nascida com Saturno em Leão precisa insistentemente se sentir reconhecida e apreciada. O indivíduo pode sentir um medo profundo de não ser importante, caso não se sobressaia de alguma maneira. Um de seus mecanismos de defesa muitas vezes é a dependência inconsciente da adulação das outras pessoas para superar o sentimento de insignificância pessoal. Qualquer sinal de que os outros não o estão levando a sério pode produzir uma grande mágoa ou raiva. Embora expressões de individualismo possam ser controladas ou até reprimidas, qualquer pessoa nascida com Saturno em Leão anseia secretamente ser uma estrela tanto na vida pública quanto na particular.

Saturno em Sagitário ♐

Qualquer pessoa nascida com Saturno em Sagitário precisa insistentemente desenvolver visões religiosas ou filosóficas que deem um propósito à sua vida. O indivíduo pode ter um medo profundo da falta de significado da existência mortal. Um de seus mecanismos de defesa é muitas vezes a tendência para destilar as situações diárias em rígidas generalizações morais ou espirituais que lhe propiciem um senso de destino pessoal. Embora aspirações com relação à divindade possam ser controladas ou até reprimidas, Saturno em Sagitário anseia secretamente ser "escolhido" entre os mortais comuns.

Saturno no elemento Terra reflete a necessidade de encontrar segurança e autossuficiência por meio de estruturas materiais que definem a força e competência da pessoa no mundo exterior.

Saturno em Touro ♉

Qualquer pessoa nascida com Saturno em Touro precisa insistentemente estabelecer uma sólida base doméstica ou profissional que lhe propicie um senso de proteção contra a imprevisibilidade da vida. O indivíduo pode sentir um medo profundo da mudança. Um dos seus mecanismos de defesa muitas vezes é a obstinada autossuficiência e uma tendência a se apegar com tenacidade a estruturas e valores ultrapassados pelo fato de serem familiares e lhe parecerem pouco ameaçadores. Embora atitudes profundamente conservadoras possam ser controladas e até reprimidas, Saturno em Touro anseia secretamente por garantias de absoluta segurança.

Saturno em Virgem ♍

Qualquer pessoa nascida com Saturno em Virgem precisa insistentemente controlar o mundo exterior criando rituais confiáveis na vida diária. O indivíduo pode sentir um medo profundo da desordem e do caos. Um dos seus mecanismos de defesa às vezes é uma grande preocupação com a saúde física, os detalhes domésticos ou as questões financeiras. O conhecimento e a segurança material podem ser usados como bastiões contra o desconhecido. Embora o comportamento ritualístico possa ser controlado ou até reprimido, qualquer pessoa nascida com Saturno em Virgem anseia secretamente que todas as horas do dia sejam planejadas.

Saturno em Capricórnio ♑

Qualquer pessoa nascida com Saturno em Capricórnio precisa insistentemente estabelecer regras de conduta social que preservem a ordem e a tradição. O indivíduo pode sentir um medo profundo dos aspectos caóticos da natureza humana, e esse medo pode aflorar, caso os preceitos convencionais sejam desprezados. Um dos seus mecanismos de defesa é uma rígida definição das regras sociais e sexuais, e uma necessidade de exercer autoridade socialmente ou na profissão. Embora atitudes hierárquicas possam ser controladas ou até reprimidas, Saturno em Capricórnio anseia secretamente que todos se mantenham em seus lugares.

Saturno no elemento Ar reflete a necessidade de encontrar segurança e autossuficiência formulando ideias que definam seus pontos de vista para o mundo exterior.

Saturno em Gêmeos ♊

Qualquer pessoa nascida com Saturno em Gêmeos precisa insistentemente de conhecimento para dar um sentido à vida. O indivíduo deseja ardentemente descobrir verdades absolutas e pode ter receio de ser oprimido por forças irracionais que arruínem planos e destruam o comportamento civilizado. Um de seus mecanismos de defesa muitas vezes é a rigidez de pensamento e a dificuldade para compartilhar ideias. Embora o medo do desconhecido possa ser controlado e até reprimido, Saturno em Gêmeos anseia secretamente ter respostas inequívocas para todas as indagações sobre a vida.

Saturno em Libra ♎

Qualquer pessoa nascida com Saturno em Libra precisa insistentemente estabelecer definições absolutas do que é certo ou errado. O indivíduo pode sentir um medo profundo de ser egoísta demais e por isso acabar provocando a rejeição das outras pessoas. Um dos seus mecanismos de defesa às vezes é o jeito evasivo e a relutância em expressar gostos e opiniões pessoais. Uma rígida aderência a códigos de comportamento apropriados propicia proteção contra o ostracismo social. Embora o desejo de agradar possa ser controlado ou até reprimido, Saturno em Libra anseia secretamente ser perfeito aos olhos de todos.

Saturno em Aquário ♒

Qualquer pessoa nascida com Saturno em Aquário precisa insistentemente buscar a proteção dos valores e ideais de um grupo. O indivíduo pode sentir um medo profundo do isolamento e do ostracismo social por ser diferente. Alguns dos seus mecanismos de defesa às vezes são padrões morais rígidos e uma relutância para reconhecer a importância das necessidades e sentimentos individuais, porque o coletivo – a família, a comunidade, a nação – exige direito de prioridade. Embora o desejo de ser igual a todo mundo possa ser controlado ou até reprimido, Saturno em Aquário anseia secretamente pelo seguro anonimato em meio à multidão.

Saturno no elemento Água reflete a necessidade de ter segurança e autossuficiência por meio de relacionamentos que definam o valor pessoal no mundo exterior.

Saturno em Câncer ♋

Qualquer pessoa nascida com Saturno em Câncer precisa insistentemente da certeza de ser amado. Um medo profundo de abandono pode fazer com que o indivíduo pareça mais passivo e desamparado do que de fato é. Um dos seus mecanismos de defesa às vezes é a extrema sensibilidade à rejeição e uma postura de mártir diante da infelicidade. Laços de família podem dominar a vida pessoal, pois propiciam um senso de que ele pertence a um grupo. Embora a dependência emocional possa ser controlada ou até reprimida, Saturno em Câncer anseia secretamente prender as pessoas amadas o mais perto dele possível.

Saturno em Escorpião ♏

Qualquer pessoa nascida com Saturno em Escorpião precisa insistentemente assegurar-se da absoluta lealdade dos seus entes queridos. O indivíduo pode sentir um medo profundo da traição ou da humilhação nas mãos daqueles dos quais depende. Um dos seus mecanismos de defesa às vezes é a suspeita e a relutância para perdoar as fragilidades e os erros humanos. O orgulho pode causar inflexibilidade com relação aos sentimentos e necessidades alheios. Embora o desejo de posse absoluta dos entes queridos possa ser controlado ou até reprimido, Saturno em Escorpião anseia secretamente dominar os outros emocionalmente.

Saturno em Peixes ♓

Qualquer pessoa nascida com Saturno em Peixes precisa insistentemente sentir uma ligação emocional com os outros. O indivíduo pode sentir um medo profundo da alienação e da desintegração. Os mecanismos de defesa muitas vezes incluem uma inclinação para o autossacrifício e uma tendência inconsciente para parecer vítima, desamparado ou infeliz para reter a companhia de outras pessoas ao seu lado e garantir que continuem a lhe dar amor e apoio. Embora o desejo pelo completo confinamento possa ser controlado ou até reprimido, Saturno em Peixes anseia secretamente viver totalmente protegido dos ventos frios e hostis da vida.

Quíron
⚷

Quíron no elemento Fogo reflete o sentimento de que a vida é injusta por meio da frustração com relação aos esforços criativos e à autoexpressão individual.

Quíron em Áries ♈

Quíron em Áries muitas vezes abrange importantes experiências de decepção em relação a esforços individuais para afirmar sua identidade. Para qualquer pessoa nascida com Quíron em Áries, a resistência persistente e injusta dos outros parece surgir sempre que ela tenta fazer algo original ou autoexpressivo. O histórico familiar pode refletir sonhos não realizados e frustrações imerecidas com respeito à realização de objetivos pessoais. Um profundo entendimento pode ser obtido por meio da disposição para aceitar com elegância o que não se pode mudar na vida, e ao mesmo tempo demonstrar coragem, iniciativa e reconhecimento do próprio merecimento.

Quíron em Leão ♌

Quíron em Leão não raro abrange importantes experiências de decepção em relação a esforços individuais para ser reconhecido como alguém especial e que vale a pena. O histórico familiar pode refletir dificuldade para fazer com que talentos e capacidades individuais sejam reconhecidos. Para qualquer pessoa nascida com Quíron em Leão, pode haver um senso doloroso de insignificância pessoal em face de uma necessidade coletiva maior. Um profundo entendimento pode ser obtido por meio de uma perspectiva mais objetiva da vida, na qual as mágoas pessoais são tratadas com maior objetividade, embora com a confiança de que o indivíduo ainda é uma pessoa única e especial.

Quíron em Sagitário ♐

Quíron em Sagitário muitas vezes abrange importantes experiências de decepção em relação a questões religiosas ou espirituais, e à capacidade de acreditar no que lhe foi ensinado. O histórico familiar pode refletir atitudes religiosas e morais confusas e restritivas. Para qualquer pessoa nascida com Quíron em Sagitário, pode haver um doloroso questionamento com respeito ao significado da vida e ao direito individual de se buscar e obter a felicidade. Um profundo entendimento pode ser obtido por meio de uma abordagem mais individual com relação às questões espirituais, que não se apoie tanto nas respostas coletivas para os grandes enigmas da vida.

Quíron no elemento Terra reflete o sentimento de que a vida é injusta por meio da frustração material e de sentimentos de limitação ou inibição na vida física.

Quíron em Touro ♉

Quíron em Touro muitas vezes abrange importantes experiências de decepção em relação a questões financeiras. As recompensas materiais nem sempre refletem os esforços empreendidos na vida profissional. O histórico familiar pode refletir privação material, e tentativas frustradas de adquirir autossuficiência financeira são capazes de solapar a confiança e o mérito próprio. Um entendimento profundo pode ser obtido por meio do reconhecimento das diferenças entre valores internos duradouros e recursos e aqueles símbolos exteriores de riqueza e importância que definem o valor aos olhos da coletividade.

Quíron em Virgem ♍

Quíron em Virgem muitas vezes abrange importantes experiências de decepção com relação aos esforços individuais para se sentir competente e capaz no dia a dia. Problemas de saúde ou dificuldades domésticas podem criar um senso penoso de limitação ou perda de controle. O histórico familiar pode refletir confusão ou rigidez na definição das fronteiras e responsabilidades pessoais. Um profundo entendimento pode ser obtido por meio da aceitação das imperfeições da vida e das suas próprias, e da adaptação a uma maior flexibilidade com relação aos ciclos naturais do tempo, à natureza e às necessidades pessoais.

Quíron em Capricórnio ♑

Quíron em Capricórnio muitas vezes abrange importantes experiências de decepção com relação à confiança na autoridade, seja dos pais, social ou política. O histórico familiar pode refletir regras rígidas de comportamento ou uma interpretação simplista demais das posições sociais. Para a pessoa nascida com Quíron em Capricórnio, pode haver uma consciência dolorosa de que são poucos os que têm autoridade verdadeira neste mundo. Um profundo entendimento pode ser obtido reconhecendo-se a importância da confiança em si e da autenticidade pessoal, e da menor dependência dos modelos coletivos de comportamento para avaliação do valor pessoal.

Quíron no elemento Ar reflete o sentimento de que a vida é injusta por meio da frustração na comunicação e um senso de isolamento com relação à família humana maior.

Quíron em Gêmeos ♊

Quíron em Gêmeos muitas vezes abrange importantes experiências de decepção com relação à educação na infância e aos esforços para comunicar seus pontos de vista aos outros. O histórico familiar pode refletir ênfase demais ou de menos no desenvolvimento intelectual. Existe muitas vezes um senso doloroso de inferioridade intelectual e o receio de ser mal-interpretado pelas outras pessoas. Um profundo entendimento pode ser obtido com o reconhecimento maior das próprias aptidões mentais sem paralelo e com a disposição para buscar o aprendizado independentemente dos limites de idade ou de posição social.

Quíron em Libra ♎

Quíron em Libra muitas vezes abrange importantes experiências de decepção com relação aos relacionamentos com as outras pessoas. A realidade da natureza humana nunca parece estar à altura do ideal pessoal do que é possível. O histórico familiar pode refletir dificuldade e decepção nas parcerias e o indivíduo muitas vezes pode ter um senso doloroso da injustiça e da falta de integridade dos outros. Um profundo entendimento pode ser obtido por meio de uma abordagem mais compassiva da fragilidade humana, particularmente com respeito aos relacionamentos pessoais.

Quíron em Aquário ♒

Quíron em Aquário muitas vezes envolve importantes experiências de decepção em interações em grupo e sociais. O indivíduo pode vivenciar um sentimento persistente e doloroso de que não faz parte do grupo e pode ter muita dificuldade para se entrosar com seus membros. O histórico familiar pode refletir experiências infelizes com respeito ao preconceito racial, religioso ou social – tanto o seu próprio quanto o preconceito dos outros. Um profundo entendimento pode ser obtido se o indivíduo tiver uma fé maior no valor das pessoas e fizer uma análise mais objetiva das dinâmicas psicológicas do grupo.

Quíron no elemento Água reflete o sentimento de que a vida é injusta por meio de inibições emocionais e sensações de mágoa, limitação ou isolamento em importantes relacionamentos.

Quíron em Câncer ♋

Quíron em Câncer muitas vezes envolve importantes experiências de decepção na vida familiar. O histórico familiar pode refletir dinâmicas emocionais difíceis que fizeram com que o indivíduo tenha dificuldade para confiar nos sentimentos e motivos das outras pessoas. Esforços para estabelecer laços estreitos profundos e mútuos podem acabar em dolorosa frustração e desilusão. Um profundo entendimento pode ser obtido se o indivíduo deixar de lado expectativas irrealistas com relação aos entes queridos, permitindo que eles expressem afeição e comprometimento da maneira que sabem.

Quíron em Escorpião ♏

Quíron em Escorpião muitas vezes envolve importantes experiências de decepção na vida amorosa, ou por frustração sexual ou por um senso de traição nos relacionamentos pessoais. O histórico familiar pode refletir muitas lutas secretas por poder e inibições emocionais, e o indivíduo pode ter dolorosas suspeitas com relação aos outros e medo de ser dominado por eles. Um profundo entendimento pode ser obtido se o indivíduo refletir sobre suas necessidades emocionais e sexuais e tiver maior compaixão pelos medos, dificuldades e defesas dos outros.

Quíron em Peixes ♓

Quíron em Peixes muitas vezes envolve importantes experiências de decepção em suas expectativas com relação aos outros. O indivíduo pode sentir grande desilusão e sensação de impotência diante da miséria humana coletiva, achando difícil manter a fé na vida. O histórico familiar pode refletir muitos sacrifícios aparentemente inúteis e podem existir intensos questionamentos espirituais com relação à natureza da infelicidade humana. Um profundo entendimento pode ser obtido se o indivíduo desenvolver um forte senso de identidade pessoal e uma disposição para reconhecer a liberdade de escolha de cada pessoa.

Urano
— ♅ —

Urano passa aproximadamente sete anos em cada signo do zodíaco. Ele simboliza novos ideais coletivos de liberdade e progresso e reflete uma visão de mudança social e tecnológica que, embora seja individual, é compartilhada com outras pessoas da mesma faixa etária.

Urano no elemento Fogo reflete o impulso de fazer vir a baixo ou transformar restrições coletivas ultrapassadas com relação ao valor e à autoexpressão individuais.

Urano em Áries ♈

Urano em Áries descreve a necessidade de se libertar do pensamento convencional e descobrir a força pessoal por meio de projetos independentes. Embora o indivíduo possa não estar disposto a empreender ações consideradas egoístas pelo parceiro, família ou sociedade, a vida mais cedo ou mais tarde apresentará desafios que o levarão a definir sua identidade por meio de ideias e atitudes inovadoras. Pode haver uma reação contra a passividade da geração anterior. A expressão da iniciativa pessoal, para Urano em Áries, é a chave para que ele se sinta livre interiormente.

Urano em Leão ♌

Urano em Leão descreve a necessidade de se libertar do comportamento convencional e de desbloquear o potencial criativo por meio de um envolvimento maior consigo mesmo. Embora o indivíduo possa não estar disposto a empreender ações consideradas egocêntricas pelo parceiro, família ou sociedade, a vida mais cedo ou mais tarde apresentará desafios que o levarão a permanecer leal à sua própria visão, talentos e destino pessoal. Pode haver uma reação contra o caráter submisso demais da geração anterior. A autoexpressão, para Urano em Leão, é a chave para que ele se sinta livre interiormente.

Urano em Sagitário ♐

Urano em Sagitário descreve a necessidade de se libertar dos preceitos religiosos e morais convencionais e descobrir uma compreensão mais universal da vida. Embora o indivíduo possa não estar disposto a empreender ações consideradas traições pelo parceiro, família ou sociedade, a vida mais cedo ou mais tarde apresentará desafios que o levarão a desenvolver uma visão mais inclusiva do mundo. Pode haver uma reação contra a falta de tolerância da geração anterior. Uma perspectiva ampla, para Urano em Sagitário, é a chave para que ele se sinta livre interiormente.

Urano no elemento Terra reflete o impulso de fazer vir a baixo ou transformar padrões ultrapassados de autoridade, estrutura social e relacionamento relativos ao mundo material.

Urano em Touro ♉

Urano em Touro descreve a necessidade de se libertar de definições de segurança convencionais e descobrir a força e a confiabilidade dos recursos interiores. Embora o indivíduo possa não estar disposto a empreender ações consideradas arriscadas pelo parceiro, família ou sociedade, a vida mais cedo ou mais tarde apresentará desafios que o levarão a valorizar as pessoas pelo que elas são e não pelo que elas têm. Pode haver uma reação contra o materialismo ingênuo da geração anterior. A expressão dos valores individuais, para Urano em Touro, é a chave para que ele se sinta livre interiormente.

Urano em Virgem ♍

Urano em Virgem descreve a necessidade de se libertar de definições de realidade convencionais e se relacionar com o mundo e com o planeta de maneira mais criativa. Embora o indivíduo possa não estar disposto a empreender ações consideradas excêntricas pelo parceiro, família ou sociedade, a vida mais cedo ou mais tarde apresentará desafios que o levarão a redefinir sua relação com a vida material. Pode haver uma reação contra a irresponsabilidade ecológica da geração anterior. A harmonia com as leis naturais, para Urano em Virgem, é a chave para que ele se sinta livre interiormente.

Urano em Capricórnio ♑

Urano em Capricórnio descreve a necessidade de se libertar de categorias sociais convencionais e definir valor em termos de autenticidade pessoal. Embora o indivíduo possa não estar disposto a empreender ações consideradas irresponsáveis pelo parceiro, família ou sociedade, a vida mais cedo ou mais tarde apresentará desafios que o levarão a trilhar seu próprio caminho sem a afirmação coletiva. Pode haver uma reação contra a hipocrisia dos valores sociais da geração anterior. A autenticidade interior genuína, para Urano em Capricórnio, é a chave para que ele se sinta livre interiormente.

Urano no elemento Ar reflete o impulso de transformar ideias sociais e abordagens ultrapassadas com relação à educação e à comunicação.

Urano em Gêmeos ♊

Urano em Gêmeos descreve a necessidade de se libertar de abordagens convencionais com relação à educação e ao conhecimento, para descobrir novas maneiras de ver a vida e seu significado. Embora o indivíduo possa não estar disposto a empreender ações consideradas irresponsáveis pelo parceiro, família ou sociedade, a vida mais cedo ou mais tarde apresentará desafios que o levarão a desenvolver suas próprias definições da verdade. Pode haver uma reação contra as atitudes dogmáticas ou mundanas da geração anterior. Uma mente aberta, para Urano em Gêmeos, é a chave para que ele se sinta livre interiormente.

Urano em Libra ♎

Urano em Libra descreve a necessidade de se libertar de definições coletivas de relacionamento para adquirir uma clareza maior e mais verdade nos intercâmbios humanos. Embora o indivíduo possa não estar disposto a empreender ações que, aos olhos do parceiro, da família ou da sociedade pareçam visar um rompimento, a vida mais cedo ou mais tarde apresentará o desafio de conciliar intimidade com individualidade. Pode haver uma reação contra os valores conjugais e familiares constritivos da geração anterior. O respeito por si e pelos outros, para Urano em Libra, é a chave para que ele se sinta livre interiormente.

Urano em Aquário ♒

Urano em Aquário descreve a necessidade de se libertar do preconceito coletivo e do esnobismo social para conquistar intercâmbios humanos mais iluminados. Embora o indivíduo possa não estar disposto a empreender ações consideradas revolucionárias pelo parceiro, família ou sociedade, a vida mais cedo ou mais tarde apresentará o desafio da lealdade a ideais mais elevados. Pode haver uma reação contra o espírito de clã e a intolerância da geração anterior. A fé na humanidade como um todo, para Urano em Aquário, é a chave para que ele se sinta livre interiormente.

Urano no elemento Água reflete o impulso de fazer vir a baixo ou transformar modelos de intercâmbio emocional e sexual ultrapassados nos relacionamentos pessoais.

Urano em Câncer ♋

Urano em Câncer descreve a necessidade de redefinir laços e obrigações de família para se sentir com mais intensidade que se pertence à família universal. Embora o indivíduo possa não estar disposto a empreender ações consideradas prejudiciais pelo parceiro, família ou sociedade, a vida mais cedo ou mais tarde apresentará o desafio de expressar amor e comprometimento emocional de modos mais individuais. Pode haver uma reação contra as atitudes tribais da geração anterior. Os laços baseados na empatia muito mais do que no parentesco, para Urano em Câncer, são a chave para que ele se sinta livre interiormente.

Urano em Escorpião ♏

Urano em Escorpião descreve a necessidade de romper tabus emocionais e sexuais, tanto pessoais quanto sociais, para ter relacionamentos mais honestos e profundos. Embora o indivíduo possa não estar disposto a empreender ações consideradas "anormais" pelo parceiro, família ou sociedade, a vida mais cedo ou mais tarde apresentará o desafio de explorar o lado mais profundo da natureza humana. Pode haver uma reação contra a falta de discernimento da geração anterior. A honestidade pessoal, para Urano em Escorpião, é a chave para que ele se sinta livre interiormente.

Urano em Peixes ♓

Urano em Peixes descreve a necessidade de se libertar da dependência com relação aos outros para encontrar apoio na imaginação e no espírito. Embora o indivíduo possa não estar disposto a empreender ações consideradas irracionais pelo parceiro, família ou sociedade, a vida mais cedo ou mais tarde apresentará o desafio de sondar seus mistérios mais profundos e elevados. Pode haver uma reação contra a visão de mundo racionalista da geração anterior. A ligação com os mundos interiores, para Urano em Peixes, é a chave para que ele se sinta livre interiormente.

Netuno
— ♆ —

Netuno passa aproximadamente quatorze anos em cada signo do zodíaco. Este planeta descreve ideais e anseios que, embora individuais, são também compartilhados por outras pessoas da mesma faixa etária. Os ideais de Netuno evidenciam-se nas tendências do vestuário, na música, nos filmes, na arte e no estilo de vida, assim como nos novos movimentos espirituais ou ideológicos que – implícita ou explicitamente – oferecem a promessa de redenção.

Netuno no elemento Fogo

Netuno em Áries ♈

A geração nascida com Netuno em Áries idealiza a coragem, a independência, a inovação e uma disposição heroica com relação à mudança. Este grupo busca um sentido de redenção por meio da expressão de um espírito indômito que mudará radicalmente a sociedade e proporcionará mais liberdade aos indivíduos, por meio da busca de talentos individuais e de uma firme crença no progresso pela inovação e rompimento de estruturas estagnadas do passado. Embora o indivíduo possa ser mais adaptável, cauteloso e pragmático, refletindo outros fatores mais pessoais do mapa de nascimento, Netuno em Áries incorpora uma crença no poder do espírito e da vontade humana para transformar o mundo, que se reflete nos tipos de aspirações sociais, científicas, artísticas e tecnológicas mais comuns entre os nascidos neste grupo etário.

Netuno em Leão ♌

A geração nascida com Netuno em Leão idealiza um mundo de conto de fadas, com todo o seu drama, cor e simplicidade inocente. Este grupo busca um sentido de redenção por meio de uma visão nobre da vida e do amor que é bela, mas facilmente machucada pelos desapontamentos humanos comuns. Embora o indivíduo possa adotar conscientemente visões mais realistas que reflitam outros fatores no horóscopo de nascimento, Netuno em Leão incorpora um romantismo secreto que se reflete na moda, nos filmes e na música popular daqueles nascidos neste grupo etário.

Netuno em Sagitário ♐

A geração nascida com Netuno em Sagitário idealiza o futuro e o conceito da aurora de uma Nova Era. Este grupo busca um sentido de redenção por meio de um compromisso religioso ou espiritual e uma visão global do desenvolvimento da consciência humana. Embora o indivíduo possa adotar conscientemente visões mais pragmáticas que reflitam outros fatores no horóscopo de nascimento, Netuno em Sagitário incorpora uma esperança mística secreta que se reflete na moda, nos filmes e na música popular daqueles nascidos neste grupo etário.

Netuno no elemento Terra

Netuno em Touro ♉

A geração nascida com Netuno em Touro idealiza a estabilidade, a continuidade e a tradição. Este grupo procura um sentido de redenção por meio de um relacionamento profundo e duradouro com o mundo natural e com a segurança que o realismo e a paciência podem proporcionar. Embora o indivíduo possa ser mais inclinado a demonstrar uma abordagem intuitiva e imaginativa com relação à vida, refletindo outros fatores mais pessoais do mapa de nascimento, Netuno em Touro encarna uma aspiração para a salvação no aqui e agora, nos prazeres dos sentidos e das belezas da natureza, no senso de continuidade com o passado e na firme convicção de que a propriedade e a estabilidade material são um fundamento necessário para qualquer esforço criativo. Essas aspirações serão refletidas nos tipos de organizações, tendências, músicas, artes e avanços científicos e tecnológicos mais comuns entre os nascidos neste grupo etário.

Netuno em Virgem ♍

A geração nascida com Netuno em Virgem idealiza um mundo de serviço à família, à comunidade ou à nação. Este grupo busca um sentido de redenção por meio de esforços de autoabnegação e dedicação que ajudem a melhorar boa parte da sociedade. Embora o indivíduo possa adotar conscientemente visões mais tolerantes que reflitam outros fatores no horóscopo de nascimento, Netuno em Virgem incorpora um anseio secreto pelo altruísmo e por pureza moral que se reflete na moda, nos filmes e na música popular daqueles nascidos neste grupo etário.

Netuno em Capricórnio ♑

A geração nascida com Netuno em Capricórnio idealiza valores sociais tradicionais. Este grupo busca um sentido de redenção por meio da nostalgia com relação a uma Era de Ouro imaginária, quando os preceitos morais eram mais sólidos e os papéis de cada pessoa na vida eram mais bem definidos. Embora o indivíduo possa adotar conscientemente visões mais liberais que reflitam outros fatores no horóscopo de nascimento, Netuno em Capricórnio incorpora um conservadorismo secreto que se reflete na moda, nos filmes e na música popular daqueles nascidos neste grupo etário.

Netuno no elemento Ar

Netuno em Gêmeos ♊

A geração nascida com Netuno em Gêmeos idealiza o conhecimento, a racionalidade e as redes sociais. Este grupo procura um sentido de redenção por meio da aquisição de informação através de canais científicos, políticos, sociais, artísticos, tecnológicos ou esotéricos, que podem fornecer uma imagem global de um mundo interconectado. Embora o indivíduo possa ser mais emocional e sensível ao ambiente através da imaginação e do coração, refletindo outros fatores mais pessoais do mapa de nascimento, Netuno em Gêmeos encarna uma aspiração ao conhecimento como fonte de salvação e crença em um mundo melhor, refletida nos tipos de organizações, sociedades e tendências tecnológicas e educacionais mais comuns entre os nascidos neste grupo etário.

Netuno em Libra ♎

A geração nascida com Netuno em Libra idealiza o amor, a harmonia e o poder transcendente do relacionamento humano. Este grupo procura um sentido de redenção por meio da busca de um mundo perfeito, livre da violência, da ganância, da crueldade e do conflito. Embora o indivíduo possa adotar conscientemente visões mais pragmáticas que reflitam outros fatores no horóscopo de nascimento, Netuno em Libra incorpora uma visão secretamente utópica que se reflete na moda, nos filmes e na música popular daqueles nascidos neste grupo etário.

Netuno em Aquário ♒

A geração nascida com Netuno em Aquário idealiza o potencial humano e a possibilidade de uma sociedade perfeita. Este grupo busca um sentido de redenção por meio do progresso social e científico, que representa o domínio sobre as forças irracionais da vida. Embora o indivíduo possa adotar conscientemente visões mais maduras que reflitam outros fatores no horóscopo de nascimento, Netuno em Aquário incorpora um espírito reformista secreto que se reflete na moda, nos filmes e na música popular daqueles nascidos neste grupo etário.

Netuno no elemento Água

Netuno em Câncer ♋

A geração nascida com Netuno em Câncer idealiza a família, a comunidade e a nação. Este grupo busca um sentido de redenção por meio do sacrifício das necessidades individuais e dos potenciais, e anseia por uma sensação de segurança e de ter seu próprio lugar. Embora o indivíduo possa adotar conscientemente visões mais confiantes que reflitam outros fatores no horóscopo de nascimento, Netuno em Câncer incorpora uma nostalgia secreta do passado que se reflete na moda, nos filmes e na música popular daqueles nascidos neste grupo etário.

Netuno em Escorpião ♏

A geração nascida com Netuno em Escorpião idealiza intensidade, profundidade e confrontação emocional. Este grupo busca um sentido de redenção por meio de expressões dramáticas de transformação pessoal e da revelação de sentimentos poderosos e muitas vezes primitivos. Embora o indivíduo possa adotar conscientemente visões mais imparciais que reflitam outros fatores no horóscopo de nascimento, Netuno em Escorpião incorpora uma paixão secreta que se reflete na moda, nos filmes e na música popular daqueles nascidos neste grupo etário.

Netuno em Peixes ♓

A geração nascida com Netuno em Peixes idealiza o reino do espírito e da imaginação como a fonte de redenção e a possibilidade de um mundo melhor. Este grupo reflete um anseio mais profundo pelo invisível, que, embora não seja expresso necessariamente pelos canais religiosos convencionais, pode buscar canais de expressão artísticos e místicos que proporcionem uma passagem tanto para a luz quanto para a escuridão do mundo da imaginação. Embora o indivíduo possa ser mais pragmático e mundano, de acordo com outros fatores mais pessoais do mapa de nascimento, Netuno em Peixes incorpora um senso mais elevado, profundo e inclusivo de realidade, que só é acessível por meio das dimensões não racionais da natureza humana, refletidas na imaginação e no coração. Esse anseio para conhecer mundos ocultos repercutirá nos tipos de aspirações artísticas, sociais e espirituais mais comuns entre os nascidos neste grupo etário.

Plutão
— ♇ —

Plutão tem uma ordem elíptica e passa mais tempo em alguns símbolos do zodíaco do que em outros. Em seu trânsito mais curto, através de Escorpião, ele leva aproximadamente dezoito anos, enquanto seu trânsito mais longo, através de Touro, leva trinta anos. Plutão simboliza atitudes com relação à sobrevivência que, embora individuais, são também compartilhadas com pessoas da mesma geração.

Plutão no elemento Fogo

Plutão em Áries ♈

Qualquer pessoa nascida com Plutão em Áries pertence a uma geração cujo senso de sobrevivência coletiva depende da coragem, da autoafirmação, da independência e do uso da vontade para conseguir a mudança social e individual. As questões sociais que desafiam este grupo envolvem o dilema entre o poder e a impotência, a urgente necessidade de discernir entre a liderança genuína e a demagogia, os usos e abusos da força e do heroísmo, e uma mudança profunda nas formas pelas quais uma dependência muito grande em qualquer estrutura política, governo ou instituição – seja qual for a sua convicção política – pode resultar em impotência, falta de poder e na necessidade de medidas corretivas. Embora o indivíduo com Plutão em Áries possa ser relutante em aceitar essas mudanças, é provável que a própria vida cobre isso dele.

Plutão em Leão ♌

Qualquer pessoa nascida com Plutão em Leão pertence a uma geração cujo senso de sobrevivência coletiva depende da autoexpressão individual e de uma reavaliação das responsabilidades com relação à família, à comunidade e à nação. As questões sociais que desafiam este grupo envolvem alterações significativas nos conceitos de altruísmo, deveres e obrigações sociais. Valores individuais, mesmo que centrados no eu, podem se tornar mais importantes do que o autossacrifício aprovado coletivamente. Embora o indivíduo possa se mostrar relutante com respeito a essas mudanças, é provável que a vida cobre isso dele.

Plutão em Sagitário ♐

Qualquer pessoa nascida com Plutão em Sagitário pertence a uma geração cujo senso de sobrevivência coletiva depende de valores morais e espirituais mais inclusivos pelos quais viver e da transformação de uma visão de mundo que durou mais do que seus valores e sua verdade. As questões sociais que desafiam esse grupo envolvem uma grande mudança nas atitudes e instituições religiosas, e uma compreensão mais ampla de diferentes costumes e culturas nacionais e raciais. Embora o indivíduo possa se mostrar relutante em permitir essas mudanças, é provável que a vida cobre isso dele.

Plutão no elemento Terra

Plutão em Touro ♉

Qualquer pessoa nascida com Plutão em Touro pertence a uma geração cujo senso de sobrevivência coletiva depende de uma reavaliação da relação com o planeta e seus recursos, e de uma transformação das formas pelas quais as atitudes humanas em relação ao dinheiro, à riqueza, à propriedade e à terra são compreendidas ou incompreendidas. As questões sociais que desafiam este grupo envolvem uma grande transformação no modo como segurança, propriedade, tradição e domínio são definidos; uma nova compreensão da natureza mais profunda dos conceitos de "terra" e "nação", e como esses termos são frequentemente usados e abusados; e uma transformação de alguns dos valores básicos da cultura, que antes produziam um senso de segurança e proteção. Embora o indivíduo com Plutão em Touro possa ser relutante em aceitar essas mudanças, é provável que a própria vida cobre isso dele.

Plutão em Virgem ♍

Qualquer pessoa nascida com Plutão em Virgem pertence a uma geração cujo senso de sobrevivência coletiva depende da transformação do ambiente material e da cura de feridas de abusos do passado com relação aos recursos da Terra. As questões sociais que desafiam este grupo envolvem alterações significativas nas atitudes com relação ao trabalho, à ecologia e à saúde. Novas tecnologias e conhecimentos científicos podem exigir mudanças radicais nos hábitos do dia a dia, nas rotinas e no relacionamento com o ambiente. Embora o indivíduo possa se mostrar relutante com respeito a essas mudanças, é provável que a vida cobre isso dele.

Plutão em Capricórnio ♑

Qualquer pessoa nascida com Plutão em Capricórnio pertence a uma geração cujo senso de sobrevivência coletiva depende de uma reavaliação honesta dos valores sociais e morais tradicionais e de uma transformação das leis e da legislação às quais falta a verdadeira integridade. As questões sociais que desafiam este grupo envolvem uma grande mudança nas atitudes com respeito à autoridade, à burocracia, à responsabilidade pessoal e ao papel do governo, e uma compreensão mais profunda do que significa liderança. Embora o indivíduo possa se mostrar relutante com respeito a essas mudanças, é provável que a vida cobre isso dele.

Plutão no elemento Ar

Plutão em Gêmeos ♊

Qualquer pessoa nascida com Plutão em Gêmeos pertence a uma geração cujo senso de sobrevivência coletiva depende da transformação das maneiras pelas quais as pessoas aprendem, assim como da redefinição da natureza e do valor da educação convencional. As questões sociais que desafiam este grupo envolvem alterações significativas nas atitudes com respeito à escola, à linguagem e à comunicação, e também uma profunda mudança nas definições de inteligência, saúde mental e "normalidade" social. Embora o indivíduo possa se mostrar relutante com respeito a essas mudanças, é provável que a vida cobre isso dele.

Plutão em Libra ♎

Qualquer pessoa nascida com Plutão em Libra pertence a uma geração cujo senso de sobrevivência coletiva depende da criação de novos ideais de relacionamento humano e da transformação das leis e estruturas que produzem desigualdade na interação humana. As questões sociais que desafiam este grupo envolvem alterações significativas nas atitudes com relação ao casamento e aos papéis sexuais tradicionais, bem como uma reavaliação das definições coletivas de certo e errado, de bem e mal. Embora o indivíduo possa se mostrar relutante com respeito a essas mudanças, é provável que a vida cobre isso dele.

Plutão em Aquário ♒

Qualquer pessoa nascida com Plutão em Aquário pertence a uma geração cujo senso de sobrevivência coletiva depende da transformação da natureza das estruturas sociais, assim como da afirmação da interdependência real dos seres humanos, independentemente das circunstâncias sociais e financeiras. As questões sociais que desafiam este grupo envolvem uma profunda transformação nas formas pelas quais as ideologias e os ideais podem ser utilizados hipocritamente como um meio para adquirir poder, as atitudes "politicamente corretas" podem ser usadas para escravizar, e uma mudança profunda nas formas pelas quais a ciência e a tecnologia são usadas e abusadas. Embora o indivíduo com Plutão em Aquário possa ser relutante em aceitar essas mudanças, é provável que a própria vida cobre isso dele.

Plutão no elemento Água

Plutão em Câncer ♋

Qualquer pessoa nascida com Plutão em Câncer pertence a uma geração cujo senso de sobrevivência coletiva depende da reavaliação da importância e da prioridade dos laços familiares, e da transformação de compromissos emocionais irrefletidos com relação a grupos raciais, comunitários ou nacionais. As questões sociais que desafiam este grupo envolvem alterações significativas na estrutura da família e dos laços entre pais e filhos, e uma mudança profunda no senso de proteção instintivo e tribal do passado. Embora o indivíduo possa se mostrar relutante com respeito a essas mudanças, é provável que a vida cobre isso dele.

Plutão em Escorpião ♏

Qualquer pessoa nascida com Plutão em Escorpião pertence a uma geração cujo senso de sobrevivência coletiva depende de um compromisso passional com a transformação de uma visão de mundo rasa, inconsciente e extremamente materialista. As questões sociais que desafiam este grupo envolvem uma grande confrontação com o lado mais escuro da natureza humana e uma revisão honesta da responsabilidade pessoal nas dimensões mais destrutivas do intercâmbio humano coletivo. Embora o indivíduo possa se mostrar relutante com respeito a essas mudanças, é provável que a vida cobre isso dele.

Plutão em Peixes ♓

Qualquer pessoa nascida com Plutão em Peixes pertence a uma geração cujo senso de sobrevivência coletiva depende da transformação da natureza das estruturas religiosas, bem como da afirmação da unidade de todas as crenças e aspirações espirituais. A sobrevivência depende tanto do poder da imaginação quanto da afirmação da unidade oculta que existe por trás de todas as coisas. As questões sociais que desafiam este grupo envolvem uma grande transformação das formas pelas quais as aspirações religiosas e sociais são frequentemente utilizadas como meios para adquirir poder, e uma mudança profunda na natureza estreita e sectária de muitas instituições religiosas, que criam conflitos e ódio, em vez de união. Embora o indivíduo com Plutão no signo de Peixes possa ser relutante em aceitar essas mudanças, é provável que a própria vida cobre isso dele.

O Ascendente
―― ASC ――

O Ascendente no elemento Fogo reflete uma abordagem à vida que é energética, autoexpressiva e inclinada a imbuir as experiências diárias com um significado dramático.

O Ascendente em Áries ♈

Qualquer pessoa com o Ascendente em Áries aborda a vida de modo impulsivo, corajoso e com grande vitalidade mental e física. Existe muitas vezes pouca consideração pelos detalhes e limites da realidade diária. Aqueles com o Ascendente em Áries podem ficar impacientes e com raiva quando pessoas ou acontecimentos se atrasam ou se tornam um empecilho para sua ação independente. O mundo é visto como uma arena onde se prova coragem e talento, e o desejo inato de ser o primeiro e o melhor pode às vezes transformar situações do dia a dia em disputas, com ou sem o consentimento das outras pessoas envolvidas.

O Ascendente em Leão ♌

Qualquer pessoa com o Ascendente em Leão aborda a vida com um senso inato de destino pessoal e a necessidade de causar impacto no ambiente por meio do seu estilo e originalidade. Cheios de energia e vitalidade, aqueles com o Ascendente em Leão têm carisma e poder pessoal, mas podem às vezes não levar em consideração os sentimentos e opiniões dos outros devido à intensa necessidade de seguir seu senso de propósito. O mundo é visto como um palco no qual atuar, e as pessoas, acontecimentos e experiências são interpretados com grande imaginação e subjetividade.

O Ascendente em Sagitário ♐

Qualquer pessoa com o Ascendente em Sagitário aborda a vida com um senso aguçado de suas possibilidades futuras e uma necessidade de expandir a consciência por meio de experiências e contatos variados. Inquietos física e mentalmente, aqueles com o Ascendente em Sagitário veem qualquer situação pensando nas oportunidades que ela traz e podem ficar muito impacientes se os limites da realidade retardam ou negam as recompensas prometidas. O mundo é visto como um lugar cheio de generosidade em potencial e boa sorte, e as experiências dolorosas são interpretadas como lições que é preciso aprender e superar.

O **Ascendente no elemento Terra** reflete uma abordagem da vida que é cautelosa, pragmática e inclinada a recorrer ao apoio de experiências passadas antes de se assumir riscos.

O Ascendente em Touro ♉

Qualquer pessoa nascida com o Ascendente em Touro aborda a vida com paciência, cautela e um senso inato de que leva algum tempo para se adquirir qualquer coisa que valha a pena. Relutantes para afirmar seus valores e opiniões pessoais antes de se sentirem suficientemente seguros e confiantes, aqueles com o Ascendente em Touro são geralmente pacíficos e, se não forem pressionados ou apressados por outros mais impulsivos, demoram a sentir raiva. O mundo é visto como um lugar de beleza e prazer, desde que possibilite um ambiente externo que ofereça estabilidade material e emocional.

O Ascendente em Virgem ♍

Qualquer pessoa com o Ascendente em Virgem aborda a vida com desconfiança do seu caos inerente e uma grande necessidade de pôr ordem no ambiente externo. Situações novas são conduzidas com cautela e só quando o indivíduo tem informações suficientes para se sentir preparado e confiante. A sensibilidade e a timidez podem dificultar a exposição de ideias e sentimentos sem o respaldo da experiência intelectual ou profissional. O mundo é visto como um desconhecido confuso e às vezes ameaçador, que deve ser abordado com cautela e diplomacia.

O Ascendente em Capricórnio ♑

Qualquer pessoa com o Ascendente em Capricórnio aborda a vida com perspicácia, realismo e certa relutância para expor sua vulnerabilidade emocional ou material até que tenha um plano para lidar com cada nova situação. Ao mesmo tempo extremamente controlados e controladores, aqueles com o Ascendente em Capricórnio são sábios, fortes e confiáveis, mas pode-lhes faltar confiança na generosidade da vida. A cautela inata pode facilmente se transformar em suspeita de qualquer coisa que pareça fácil demais ou de qualquer pessoa que pareça tolerante demais consigo mesma. O mundo é visto como um lugar difícil onde tudo o que vale a pena só é conquistado com esforço.

O **Ascendente no elemento Ar** reflete uma abordagem da vida que é inquiridora, civilizada, sociável e inclinada a depender da aprovação ou apreciação dos outros.

O Ascendente em Gêmeos ♊

Qualquer pessoa com o Ascendente em Gêmeos aborda a vida com grande curiosidade e uma vontade de aprender tudo sobre todas as coisas. Comunicativos, versáteis e muitas vezes inquietos física e mentalmente, aqueles com o Ascendente em Gêmeos precisam constantemente da opinião dos outros e de uma ampla gama de contatos com quem compartilhar ideias e ideais. Como uma criança numa loja de brinquedos, o Ascendente em Gêmeos vê o mundo como uma sucessão infinita de pessoas e coisas fascinantes a descobrir – mesmo que isso muitas vezes signifique deixar de lado o entusiasmo inicial.

O Ascendente em Libra ♎

Qualquer pessoa com o Ascendente em Libra aborda a vida com idealismo, refinamento e vontade de cooperar com os outros num intercâmbio harmonioso. Civilizados e extremamente sensíveis às opiniões e julgamentos das outras pessoas, aqueles com o Ascendente em Libra, embora firmes e resolutos, são naturalmente corteses e moderados – às vezes a ponto de ocultar suas opiniões, necessidades e sentimentos pelo receio de provocarem discórdias. Aqueles com o Ascendente em Libra veem o mundo como um lugar que exige constantes concessões e ajustes para que a paz e a ordem possam ser preservadas.

O Ascendente em Aquário ♒

Qualquer pessoa com o Ascendente em Aquário aborda a vida com ideais muito definidos sobre como o mundo deveria ser. Amistosos e imparciais, aqueles com o Ascendente em Aquário são justos, tolerantes e respeitosos com relação aos pontos de vista dos outros. Mas uma necessidade de afirmação coletiva pode fazer com que o indivíduo seja excessivamente controlado, receoso de parecer egoísta e inibido ao expressar seus sentimentos pessoais. O mundo é visto como um sistema interconectado fascinante cujos padrões e leis precisam ser compreendidos do modo mais racional e objetivo possível.

O Ascendente no elemento Água reflete uma abordagem da vida que é fluida, sensível e inclinada a camuflar por instinto sentimentos e opiniões pessoais.

O Ascendente em Câncer ♋

Qualquer pessoa com o Ascendente em Câncer aborda a vida com sensibilidade, discernimento e uma tendência a proteger sentimentos vulneráveis sob um verniz de indiferença até sentir que o ambiente é seguro e acolhedor. Extremamente sensíveis a atmosferas emocionais, aqueles com o Ascendente em Câncer possuem uma gentileza instintiva e tato para lidar com as outras pessoas. Mas o medo da rejeição e do isolamento pode torná-los evasivos e desconfiados. O mundo é visto como um lugar potencialmente hostil, onde só contatos humanos mais estreitos e duradouros podem propiciar segurança.

O Ascendente em Escorpião ♏

Qualquer pessoa com o Ascendente em Escorpião aborda a vida com um senso instintivo da sua complexidade e profundidade. Orgulho, intensidade de sentimentos e uma natureza séria e introvertida criam uma necessidade de privacidade e um desejo de compreender profundamente os motivos das outras pessoas antes de expor sua vulnerabilidade pessoal. Aqueles com o Ascendente em Escorpião são seletivos na escolha das companhias e podem demonstrar relutância para perdoar e ser até vingativos quando humilhados ou traídos. O mundo é visto como um lugar misterioso e perigoso, a ser abordado com cautela, sabedoria e confiança em si.

O Ascendente em Peixes ♓

Qualquer pessoa com o Ascendente em Peixes aborda a vida com um senso instintivo de sua unidade e uma resposta compassiva para toda a experiência humana emocional. Por vezes relutantes para definir limites pessoais, aqueles com o Ascendente em Peixes não são fracos nem deliberadamente evasivos. Mas tendem a espelhar o sentimento das outras pessoas e podem parecer enganadoramente passivos e sem direção. A experiência é imbuída de cores dramáticas e o mundo é percebido como um lugar de beleza, mistério e sofrimento, cheio de significados invisíveis e intenções ocultas.

PARTE CINCO

RELACIONAMENTOS – A COMBINAÇÃO DOS SIGNOS

Como usar as cartas dos relacionamentos

Um segundo conjunto de cartas de planetas e signos zodiacais acompanha este livro, juntamente com um segundo mapa marcado no pôster. Esse kit permitirá que o leitor descubra como o posicionamento planetário de outra pessoa interage com o seu. A outra pessoa pode ser seu parceiro, um filho, um irmão, um colega de trabalho ou um amigo – pois nossa vida envolve muitos tipos de relacionamento que satisfazem diferentes necessidades e nos afetam em diversos níveis.

É preciso primeiramente determinar a posição do Ascendente e dos planetas da outra pessoa, com a ajuda do site (www.astro.com), assim como fez com os seus. Em seguida, disponha as cartas sobre o pôster, nas posições apropriadas. Quando todas as cartas estiverem dispostas, será fácil saber se um planeta do horóscopo da outra pessoa cai no mesmo signo zodiacal que o seu planeta.

Os parágrafos a seguir resumem algumas das mais importantes combinações entre os planetas de dois mapas astrais. Nem todas as combinações planetárias possíveis são mencionadas aqui, embora qualquer ligação entre dois mapas acabe exercendo uma influência, mesmo que sutil, num relacionamento duradouro. Só as combinações com maior possibilidade de exercer um grande impacto são mencionadas a seguir. Se essas combinações estiverem presentes no mapa de duas pessoas que têm um relacionamento, elas provavelmente refletirão dinâmicas mais importantes, que influenciam a maneira como as duas pessoas se sentem e se comportam na presença uma da outra. É sempre bom lembrar que nenhuma combinação planetária pode determinar se duas pessoas devem ou não ficar juntas. Os relacionamentos mais importantes contêm

O posicionamento dos planetas no mapa de Marilyn (no alto) e JFK (embaixo) é mostrado aqui. A Vênus de JKF está no mesmo signo que o Sol de Marilyn, e seu Urano está no mesmo signo que a Lua dela, o que reflete tanto atração quanto instabilidade.

uma combinação de contatos astrológicos difíceis e harmoniosos, e tudo depende de como os indivíduos conseguem lidar com as energias em ação entre eles com suficiente honestidade, realismo, tolerância e compaixão. Um exemplo de relacionamento poderoso foi aquele entre Marilyn Monroe e John F. Kennedy (nascido às 15 horas do dia 29 de maio de 1917, em Brookline, Mass., EUA).

Sol e Sol no mesmo signo descrevem um conjunto de valores e objetivos parecidos ou compartilhados. Esta combinação não evitará conflitos ocasionais em níveis mais pessoais. No entanto, existe uma compreensão inata das mais intensas aspirações de vida um do outro. Um senso profundo de amizade e respeito mútuo é possível, e ele pode produzir sentimentos de continuidade e estabilidade no relacionamento, até mesmo em meio ao conflito.

Sol e Lua no mesmo signo descrevem sentimentos de empatia mútua e apoio emocional. A Lua se sente protetora e necessária, enquanto o Sol se sente magnânimo e forte na companhia da Lua. A compreensão instintiva da Lua ajuda o Sol a expressar sua individualidade com mais confiança. Mesmo que as metas e ideais estejam em conflito, esta combinação contribui para que surja uma sensação de conforto, segurança e proteção contra as tempestades da vida.

Sol e Vênus no mesmo signo descrevem admiração mútua nos níveis físico e mental. Embora o relacionamento possa não ser sexual, eles podem se sentir atraídos um pelo outro. O Sol se sente mais confiante por causa da afeição de Vênus, enquanto Vênus se sente inspirada pela individualidade única do Sol. Um idealismo romântico provoca uma necessidade mútua de aparecer e se comportar da melhor maneira possível.

Sol e Marte no mesmo signo descrevem um relacionamento dinâmico e inspirador, embora competitivo, que pode gerar discussões repentinas e também empolgação e entusiasmo mútuos. O Sol se sente energizado, mas às vezes irado com a iniciativa e a energia impetuosas de Marte, enquanto Marte tende a se nomear administrador dos talentos e potenciais do Sol. A atração mútua pode levar também à rivalidade mútua.

Sol e Júpiter no mesmo signo descrevem uma ligação que inspira sentimentos de generosidade mútua e idealização. O Sol é estimulado pelo otimismo e pelo caráter magnânimo de Júpiter, enquanto Júpiter aprecia, protege e acredita nos potenciais do Sol. Risadas, estímulos intelectuais e um espírito de aventura mútuo podem surgir também desta combinação, com as duas pessoas oferecendo o que têm de melhor dentro de si.

Sol e Saturno no mesmo signo descrevem um sentimento de responsabilidade mútua que tanto pode representar apoio quanto limitações. O Sol sente respeito pela sabedoria de Saturno e confia na força desse planeta, enquanto Saturno se sente protetor com relação ao Sol, mas pode demonstrar uma atitude crítica ou exigente que é fruto de uma inveja secreta que às vezes pode ferir. Muita ênfase nas obrigações mútuas pode prejudicar a espontaneidade.

Sol e Quíron no mesmo signo descrevem um laço profundo e com potencial de cura, mas às vezes doloroso e perturbador. O Sol sente-se compassivo e generoso com relação aos medos de Quíron, enquanto Quíron precisa da compreensão e do apoio do Sol. Mas Quíron também pode sentir uma grande vulnerabilidade, por causa da lembrança de antigas feridas do passado, e pode consequentemente expressar ansiedade por meio de uma atitude defensiva ou crítica com relação ao Sol.

Sol e Urano no mesmo signo descrevem um relacionamento repleto de fascinação mútua e com uma qualidade energética imprevisível. O Sol é estimulado pela originalidade de Urano, enquanto Urano é inspirado a desenvolver mais criatividade com o apoio caloroso e estimulante do Sol. Mas um deles ou ambos podem também achar difícil satisfazer as necessidades emocionais do outro e são capazes de periodicamente procurar maior independência um do outro.

Sol e Netuno no mesmo signo descrevem um laço de mútua empatia e idealização e uma tendência para ambos esperarem demais um do outro. O Sol se sente encantado pelo mistério de Netuno, enquanto Netuno admira e confia no apoio caloroso e cheio de força do Sol, embora tenda a se esforçar muito para agradar. A honestidade e a disposição cuidadosa para evitar o comportamento manipulador ajudam a extrair o máximo desta combinação.

Sol e Plutão no mesmo signo descrevem um relacionamento de grande fascínio e intensidade. O Sol é atraído pela profundidade enigmática de Plutão, enquanto Plutão é atraído pela vitalidade e peculiaridade do Sol e pode se mostrar às vezes possessivo com relação a ele. Ao longo do tempo, podem surgir as lutas inconscientes por poder, levando um a querer controlar o outro, e mudanças profundas e permanentes provavelmente ocorrerão na maneira como ambos enxergam a vida.

Sol e Ascendente no mesmo signo descrevem uma compatibilidade fácil e instintiva, além de um vínculo mútuo. O Sol compreende os esforços do Ascendente de autoexpressão e lhe oferece um apoio generoso, enquanto o Ascendente admira a força, a energia e a individualidade do Sol e se sente mais confiante na presença dele. A semelhança de gostos e pontos de vista garante um sentimento duradouro de amizade e empatia.

Lua e Lua no mesmo signo descrevem uma empatia instintiva e semelhança nas necessidades e reações emocionais. Embora os dois indivíduos possam ter metas e valores diferentes, assim como diferentes maneiras de abordar a vida, eles provavelmente se sentirão confortáveis na companhia um do outro e acharão fácil a convivência mútua no dia a dia. Os sentimentos são compreendidos e correspondidos instintivamente, sem necessidade de maiores explicações.

Lua e Mercúrio no mesmo signo descrevem um intercâmbio mentalmente estimulante, que incentiva diálogos fervilhantes, viagens e troca de ideias e esferas de interesse. A Lua admira a esperteza de Mercúrio, sua versatilidade e maneira de se expressar, além de oferecer apoio ao desenvolvimento de seus talentos e habilidades. Mercúrio expande os horizontes intelectuais da Lua e a ajuda a encontrar novas perspectivas e maior objetividade.

Lua e Vênus no mesmo signo descrevem sentimentos mútuos de afeição, predileção e empatia. A Lua sente-se profundamente protetora com relação a Vênus e admira seu charme e bom gosto. Vênus sente-se confiante e valorizada graças à compreensão e interesse da Lua. Ambos provavelmente gostam, de fato, um do outro, e compartilham gostos e valores, convivendo numa atmosfera descontraída e afável.

Lua e Marte no mesmo signo descrevem sentimentos mútuos de entusiasmo e empolgação, combinados com uma tendência de irritar um ao outro. Existe uma grande dose de energia irascível nesta combinação. A Lua é estimulada, mas também pode se sentir intimidada com a vitalidade, assertividade e egocentrismo de Marte, enquanto Marte aprecia a presença de espírito da Lua, embora possa ter um comportamento provocativo em relação a ela de vez em quando.

Lua e Júpiter no mesmo signo descrevem sentimentos mútuos de gentileza e generosidade, e também refletem a capacidade que ambos têm de rir e empreender novas aventuras juntos. A Lua é inspirada pelo otimismo e pela visão de Júpiter e estimula suas esperanças e aspirações. Júpiter é incentivado e animado pela admiração da Lua e se sente magnânimo, expansivo e protetor com relação à sensibilidade dela.

Lua e Saturno no mesmo signo descrevem sentimentos de profunda responsabilidade mútua, o que também pode ser emocionalmente frustrante. A Lua admira a força e o refreamento de Saturno e precisa deles. Saturno depende da empatia e ternura da Lua e do seu poder instintivo de compreensão. Mas Saturno também pode ter sentimentos inconscientes de inveja e ser excessivamente crítico ou insensível com relação às necessidades emocionais da Lua.

Lua e Quíron no mesmo signo descrevem uma profunda empatia e potencial de cura, mas pode haver elementos emocionalmente dolorosos no relacionamento. A Lua é sensível ao medo de Quíron e sente-se protetora com relação às suas inseguranças. Quíron tira conforto da compreensão instintiva da Lua, mas também pode reagir com criticismo ou retraimento emocional devido ao seu orgulho e sentimentos de vulnerabilidade.

Lua e Urano no mesmo signo descrevem sentimentos de fascínio mútuo, mas o relacionamento às vezes pode ser emocionalmente imprevisível. A Lua fica deslumbrada e empolgada com o individualismo de Urano, enquanto Urano é estimulado a desenvolver seus potenciais criativos graças à empatia e ao apoio da Lua. Urano, porém, pode fazer com que a Lua se sinta ansiosa e insegura devido ao seu mau humor ou aos seus retraimentos periódicos.

Lua e Netuno no mesmo signo descrevem sensibilidade emocional mútua e um senso de entendimento praticamente mediúnico. Ambos vivem extremamente sintonizados com as necessidades e sentimentos do outro, tanto os que são reconhecidos quanto os que são inconscientes. A idealização excessiva pode acompanhar esta interação quase telepática e as expectativas mútuas de harmonia perfeita podem causar mágoas e decepções.

Lua e Plutão no mesmo signo descrevem sentimentos de intensidade constrangedora. A Lua é magneticamente atraída – mas também pode se sentir oprimida – pela profundidade e poder de Plutão. Plutão se sente intensamente ligado à Lua e às vezes é possessivo com relação a ela. Ao longo do tempo, os sentimentos de dependência podem dar origem a lutas de poder inconscientes num nível sutil. A honestidade é extremamente importante para que se tire o melhor desta combinação.

Lua e Ascendente no mesmo signo descrevem sentimentos de empatia e amizade instintivos. A Lua compreende o Ascendente num nível intuitivo profundo e aprova seu estilo e sua maneira de autoexpressão. O Ascendente se sente mais forte e mais confiante por causa do interesse e do afeto da Lua. A harmonia nos gostos, nos hábitos e no estilo de vida pode criar uma interação emocional tranquila e confortável.

Mercúrio e Mercúrio no mesmo signo descrevem uma semelhança na maneira de pensar e de articular os pensamentos. Embora outras combinações planetárias possam indicar atritos em outros níveis, as duas pessoas têm facilidade para se comunicar entre si porque suas mentes funcionam de modo parecido. Mesmo que as ideias e opiniões sejam divergentes, provavelmente existirá tolerância mútua e admiração pelas capacidades mentais e talentos do outro.

Mercúrio e Júpiter no mesmo signo descrevem um potencial para inspiração criativa mútua no relacionamento. As duas pessoas podem ter um senso de humor parecido e compreender as esperanças e aspirações uma da outra. As ideias, interesses e pontos de vista de Mercúrio são ampliados e aprofundados por Júpiter, enquanto Júpiter gosta de incentivar Mercúrio com novas ideias e estímulos para desenvolver novas habilidades.

Mercúrio e Saturno no mesmo signo descrevem um nível de comunicação no relacionamento que pode ser profundo e sério, mas também frustrante para ambos. Mercúrio precisa do realismo de Saturno, mas pode achá-lo resistente demais a novas ideias. Saturno, embora admire a inteligência e a versatilidade de Mercúrio, também pode sentir inveja e reagir sem querer de maneira crítica e relutante às ideias de Mercúrio.

Mercúrio e Quíron no mesmo signo descrevem um nível de comunicação profundo e mutuamente inspirador, mas que também pode envolver interações prejudiciais. Mercúrio quer entender os medos e inseguranças de Quíron, enquanto Quíron sente que falar sobre suas questões dolorosas com um ouvinte que tenta compreendê-lo ajuda a curar suas feridas. No entanto, ele pode ser demasiadamente sensível e tentar se defender ou ser sarcástico diante das ideias e opiniões de Mercúrio.

Mercúrio e Urano no mesmo signo descrevem um intercâmbio mental animado e desafiador. Mercúrio é inspirado e motivado pela originalidade de Urano, enquanto Urano é estimulado a desenvolver novas ideias criativas graças ao interesse e estímulo de Mercúrio. Ambos provavelmente mudarão e ampliarão os pontos de vista um do outro com relação à vida. A comunicação pode às vezes envolver discussões acaloradas, mas sempre estimulantes.

Mercúrio e Netuno no mesmo signo descrevem um entendimento quase telepático, com um riquíssimo fluxo de ideias e inspiração criativa. Mercúrio é capaz de conferir forma e estrutura à imaginação fértil de Netuno, enquanto Netuno idealiza a versatilidade e inteligência de Mercúrio. Netuno, porém, pode tentar evitar qualquer conflito de opiniões concordando o tempo todo com Mercúrio e sendo evasivo ou indireto sem ter essa intenção.

Vênus e Vênus no mesmo signo descrevem uma afinidade natural nos gostos pessoais e nos valores. Ambos tendem a apreciar os mesmos prazeres e achar as mesmas pessoas e coisas belas e valorosas. Provavelmente há uma boa dose de afeto, apreço e admiração mútuos, tanto no nível físico quanto intelectual. Interesses artísticos ou estéticos e preferências nas amizades e grupos sociais podem também coincidir.

Vênus e Marte no mesmo signo descrevem uma ligação magnética, intensa e extremamente estimulante. Embora não necessariamente sexual, o relacionamento provavelmente contém uma considerável admiração mútua no nível físico, assim como a capacidade de inspirar e entusiasmar um ao outro. Vênus é atraída pela energia e iniciativa de Marte, e Marte sente-se confiante e forte quando oferece proteção e liderança a Vênus.

Vênus e Saturno no mesmo signo descrevem um elemento de ligação, mas também de frustração no relacionamento. Vênus sente afeição e ternura por Saturno, enquanto Saturno se sente protetor e responsável por Vênus. Saturno, porém, pode se sentir emocionalmente inseguro, temer a rejeição de Vênus e por isso se mostrar possessivo, crítico ou retraído com relação a Vênus.

Vênus e Quíron no mesmo signo descrevem um intercâmbio emocional profundo e poderoso, mas às vezes doloroso. Vênus sente empatia e ternura pelos medos e inseguranças ocultas de Quíron, e Quíron se sente animado e curado pela admiração e compreensão de Vênus. Mas o orgulho e a ansiedade também podem fazer Quíron receoso de ser visto com tal clareza e ele pode reagir com críticas ou com frieza à aproximação de Vênus.

Vênus e Urano no mesmo signo descrevem um fascínio quase elétrico, combinado com um elemento de instabilidade. Vênus sente uma atração irresistível pela originalidade de Urano, enquanto Urano é inspirado pela elegância e charme de Vênus. No entanto, expectativas altas demais podem levar ambos a se sentirem desapontados e inquietos quando o relacionamento se torna mais familiar e ancorado na rotina diária.

Vênus e Netuno no mesmo signo descrevem sentimentos de harmonia mística e têm potencial para grandes decepções também, caso as idealizações mútuas sejam destruídas. Vênus é cativada pela atitude esquiva e misteriosa de Netuno, enquanto Netuno floresce com a admiração de Vênus, embora possa se esforçar demais para corresponder às expectativas ideais de Vênus. Um dos dois ou ambos podem sentir uma dolorosa decepção por receio de infligir medo um ao outro.

Vênus e Plutão no mesmo signo descrevem sentimentos de intenso fascínio mútuo. Embora não necessariamente sexual, o relacionamento provavelmente contém elementos de possessividade – que podem provocar lutas inconscientes de poder, caso um dos dois negue ao outro suficiente independência emocional. Vênus é hipnoticamente atraída pela profundidade e mistério de Plutão, enquanto Plutão se sente intensamente tocado pelo poder de atração e pelo charme de Vênus.

Vênus e Ascendente no mesmo signo descrevem sentimentos mútuos de afeição, admiração e amizade. Vênus aprecia e valoriza o estilo pessoal e a aparência física do Ascendente, e incentiva seus esforços de autoexpressão. O Ascendente se sente muito confiante e valorizado graças à generosa opinião de Vênus sobre ele. É provável que haja cortesia, gentileza e amizade, seja qual for a natureza do relacionamento.

Marte e Saturno no mesmo signo descrevem um intercâmbio estimulante, mas às vezes frustrante. Marte inspira Saturno, mas pode ficar impaciente e pressionar Saturno a deixar de lado sua cautela. Saturno pode se sentir intimidado pela confiança de Marte e tentar minar os seus esforços, provocando ressentimento em ambos. Honestidade e adaptabilidade são importantes para se extrair o máximo desta combinação.

Marte e Quíron no mesmo signo descrevem uma combinação de energias tensa e que às vezes pode causar mágoas. Marte quer ajudar Quíron a ser mais confiante, mas a pressão de Marte pode provocar medo em Quíron e fazê-lo ficar na defensiva e mostrar resistência. Quíron admira a iniciativa de Marte e quer oferecer seu apoio construtivo, mas sentimentos inconscientes de vulnerabilidade podem tornar Quíron teimoso e inclinado a contrariar os desejos de Marte.

Marte e Netuno no mesmo signo descrevem um intercâmbio mutuamente inspirado, repleto de estímulos emocionais e criativos, mas também sujeito a provocar sentimentos de raiva e decepção. Marte é fascinado pela delicadeza de Netuno, enquanto Netuno é revitalizado pela força e iniciativa de Marte. Mas Netuno pode se tornar evasivo na tentativa de agradar, e Marte pode forçar Netuno, com agressividade demais, a dar opiniões mais firmes.

Júpiter e Saturno no mesmo signo descrevem um potencial para explorações intelectuais ou espirituais altamente criativas no relacionamento. Júpiter entende os medos de Saturno e oferece incentivo, otimismo e novas perspectivas de vida. Saturno admira o espírito de aventura de Júpiter e oferece realismo, reflexão e bons conselhos. A inveja secreta pode às vezes fazer Saturno refrear o entusiasmo de Júpiter desnecessariamente.

Saturno e Quíron no mesmo signo descrevem uma semelhança nos tipos de medo e preocupação que afligem ambos. Isso pode resultar numa profunda empatia e entendimento mútuo, mas o orgulho pode criar um comportamento defensivo, capaz de impedir que ambos se arrisquem a ser emocionalmente abertos e vulneráveis um com o outro. A honestidade e a sensibilidade com os sentimentos de incerteza um do outro podem ajudar a extrair o melhor desta combinação.

Saturno e Ascendente no mesmo signo descrevem um senso de responsabilidade mútua que às vezes pode ser restritivo. Saturno admira, mas também inveja o estilo pessoal do Ascendente. Um apoio leal pode ser oferecido, mas às vezes de maneira muito crítica ou indireta. O

Ascendente precisa da força e da orientação de Saturno, mas pode se ressentir com o autocontrole e a relutância de Saturno em oferecer elogios generosos.

Quíron e Ascendente no mesmo signo descrevem a possibilidade de laços fortes, que podem auxiliar na cura mútua, mas sentimentos de vulnerabilidade e ansiedade podem gerar um comportamento defensivo ou ofensivo. O Ascendente sente-se atraído pela complexidade e profundidade de Quíron, enquanto Quíron admira o estilo pessoal do Ascendente. Mas Quíron pode também se sentir secretamente invejoso ou inadequado e é capaz de oferecer apoio e conselho de maneiras inadvertidamente críticas.

Ascendente e Ascendente no mesmo signo descrevem uma semelhança de pontos de vista, expressão e estilo pessoal. Se outros fatores forem também compatíveis, esta combinação pode refletir considerável admiração e apreço mútuos, assim como um sentimento de ser compreendido pela outra pessoa, sem ter de oferecer explicações pelo seu jeito de ser. Cada indivíduo consegue reconhecer algo de si mesmo no outro.

PARTE SEIS

O SIGNIFICADO DO TEMPO

Como usar as cartas de trânsito

As cartas de trânsito referentes ao ano de 1959 são mostradas no mapa astral de Marilyn Monroe. Esse foi o ano em que ela chegou ao auge da sua carreira. Urano estava transitando por Leão, o signo Ascendente dela, o que reflete mudanças imprevisíveis e um período cheio de grandes acontecimentos na vida. Júpiter estava transitando por Aquário, o signo em que Júpiter estava quando ela nasceu, o que reflete um tempo de mais oportunidades e golpes de "sorte".

As três cartas de trânsito que acompanham este livro estão marcadas com os símbolos astrológicos apropriados de Júpiter, Saturno e Urano. Se quiser saber para que signo esses planetas estão se movendo num dado período na vida – passado, presente ou futuro –, use as Efemérides do site www.astro.com para consultar a data escolhida.

O movimento, ou trânsito, de um planeta lento – como Júpiter, Saturno ou Urano – através de um signo em que o indivíduo tem planetas ou o Ascendente no nascimento significa um período em que importantes mudanças e realizações provavelmente ocorrerão. Ao longo das eras, os filósofos e teólogos, assim como os astrólogos, têm questionado se os eventos que coincidem com tais trânsitos são "predestinados" ou se os padrões internos de desenvolvimento do indivíduo são moldados pelo seu caráter e pelas suas escolhas. As interpretações oferecidas a seguir descrevem certos trânsitos mais importantes como reflexos do *timing* psicológico – o significado do tempo. Munido de dados sobre seus conflitos e mudanças interiores, o indivíduo pode reagir com mais clareza e precaução.

Quando as cartas de trânsito forem colocadas em suas posições, sobre o pôster, elas indicarão com clareza se os planetas do mapa natal ou o Ascendente estão sendo enfatizados. Se as cartas de trânsito também forem utilizadas em conjunto com as combinações interpessoais, elas destacarão os períodos que são importantes para os dois indivíduos e também para o relacionamento.

O significado dos trânsitos

Júpiter em trânsito pelo signo em que o Sol estava no mapa natal reflete um período em que o indivíduo toma consciência de novos potenciais e possibilidades de autoexpressão e orientação na vida. O aumento da autoconfiança e da esperança pode criar uma maior percepção das oportunidades e uma disposição para assumir os riscos necessários para essas oportunidades se reverterem em recompensas. Esta pode ser uma época empolgante e agitada, em que novos talentos são descobertos, novos relacionamentos travados e novos rumos se abrem no campo profissional. As promessas de Júpiter, porém, precisam ser bem fundamentadas, pois esse planeta simboliza intuições e inspirações que exigem tempo e esforço para darem frutos.

Júpiter em trânsito pelo signo em que Vênus estava no mapa natal reflete um período de esperança na vida pessoal. O indivíduo pode se sentir mais afetuoso, amável e tolerante, travando novos contatos ou relacionamentos que o façam se sentir mais valorizado e atraente. Ideais românticos relacionados ao amor e à parceria também podem ser fortemente motivados, resultando em inquietação e numa sensação de restrição nos relacionamentos de longa data, que não parecem ter mais o romantismo e o espírito de aventura esperados. Este é um momento para ser desfrutado, mas o realismo e a consciência das consequências dos próprios atos podem ajudar a evitar arrependimentos futuros.

Júpiter em trânsito pelo signo em que Júpiter estava no mapa natal reflete um ciclo de doze anos que promete muitas oportunidades novas para o crescimento e a expansão profissional e pessoal. Este período pode coincidir com um momento de alta na vida profissional, no qual tudo parece entrar nos eixos, novos potenciais são descobertos e a "sorte" parece bater à sua porta. É importante aproveitar as oportunidades durante este período e fazer o que for possível para colocá-las em prática durante o próximo ciclo de doze anos. Para aqueles que têm inclinação para resistir à mudança e à expansão, porém, Júpiter em trânsito pelo signo em que estava no seu mapa natal é capaz de se revelar um período difícil, pois a frustração e a necessidade de crescimento podem fazer com que a pessoa provoque crises inconscientemente para ser obrigada a fazer as mudanças necessárias – aparentemente contra sua vontade.

Júpiter em trânsito pelo signo em que o Ascendente estava no mapa natal reflete um período em que a vida se abre e novas oportunidades de autoexpressão aparecem. A solução de problemas ou empecilhos antigos pode criar uma sensação de liberdade com relação ao passado, embora essas soluções provavelmente sejam, muito mais, fruto da própria mudança de atitude do indivíduo do que de um acontecimento ou atitude em particular. Os trânsitos de Júpiter ativam a intuição e a consciência do potencial adormecido, mas esses vislumbres de novas possibilidades precisam ser analisados para que deem resultados sólidos. Mais autoconfiança e fé na vida ajudam a atrair o apoio e o incentivo de outras pessoas.

Saturno em trânsito pelo signo em que o Sol estava no mapa natal reflete um período em que as metas e as aspirações talvez precisem ser cuidadosamente revisadas. O indivíduo tem de definir, de maneira clara e honesta, o que realmente é e quer da vida. Escolhas anteriores, oriundas do medo, da dependência ou do desejo de agradar provavelmente requerem mudança ou substituição. Uma sensação de restrição ou desapontamento com as outras pessoas pode impedir que o indivíduo relaxe e aproveite a vida, e as responsabilidades externas podem parecer pesadas demais. Mas as escolhas que o indivíduo fez com base na lealdade aos seus valores interiores provavelmente darão bons frutos durante este período.

Saturno em trânsito pelo signo em que a Lua estava no mapa natal reflete um período em que a maneira como o indivíduo se relaciona com os outros é desafiada. Ele é forçado a desenvolver mais confiança em si mesmo e a encarar as situações emocionais em que o medo, a culpa ou a necessidade de segurança estão impedindo a felicidade e a realização pessoal. Um sentimento de depressão e desilusão pode acompanhar este trânsito e outras pessoas podem parecer particularmente pouco compreensivas ou indiferentes. Certo ressentimento ou piedade por si mesmo pode surgir, antes de se tornar claro que as situações pessoais frustrantes são, em grande parte, resultado de escolhas e atitudes da própria pessoa no passado.

Saturno em trânsito pelo signo em que Vênus estava no mapa natal reflete um período em que o indivíduo precisa refletir sobre suas atitudes e expectativas a respeito dos seus relacionamentos pessoais. Sentimentos de isolamento e decepção refletem um confronto com o fato de vivermos separados das outras pessoas e não são uma indicação de que elas retiraram seu apoio. A idealização das pessoas queridas pode se frustrar neste período e o indivíduo é capaz de precisar aprender mais sobre a tolerância em vez de se sentir ressentido porque os outros não atendem às suas expectativas. Inicia-se um profundo processo interior que propiciará ao indivíduo mais realismo e maturidade emocional.

Saturno em trânsito pelo signo em que Saturno estava no mapa natal ocorre para todos a intervalos de 29 anos, aproximadamente. O ciclo de Saturno é extremamente importante e reflete um período de redefinição da identidade, independentemente dos pais, do parceiro, do cônjuge ou do coletivo. Tudo o que o indivíduo plantou dá frutos, mas tudo o que foi evitado ou negado – conscientemente ou não – agora precisa ser tratado. Esta pode ser uma época difícil, pois o indivíduo passa a compreender a verdadeira natureza de seus relacionamentos pessoais e objetivos de vida. Escolhas baseadas na dependência ou no medo tendem a se revelar à luz da verdade, possibilitando que o indivíduo construa um futuro melhor.

Saturno em transição pelo signo em que Netuno estava no mapa natal reflete um período em que o indivíduo é forçado a enfrentar a dependência inconsciente e o costume de idealizar demais as outras pessoas. Sentimentos de decepção e desilusão podem ocorrer, refletindo a falta de realismo na maneira prévia de lidar com o mundo exterior. Embora possa haver uma inclinação para a autopiedade e o ressentimento, o indivíduo se dará melhor se encarar a vida de um modo mais objetivo e confiante. No nível mais profundo, este trânsito reflete o fim das expectativas da infância com relação às pessoas. É provável que ele cause alguma dor, mas o processo é, em última análise, positivo e fortalecedor.

Saturno em trânsito pelo signo em que Plutão estava no mapa astral reflete um período em que as necessidades e conflitos emocionais ocultos podem vir à tona e exigir reconhecimento. Sentimentos "incivilizados" como raiva, agressão ou ciúme intenso podem transtornar uma natureza anteriormente equilibrada. O indivíduo pode se sentir perturbado ou frustrado pelo mundo exterior, mas a animosidade dos outros pode acentuar a necessidade de tomar mais consciência dos próprios motivos mais profundos e das consequências das suas ações. Este trânsito força a confrontação honesta com as dimensões mais sombrias da personalidade, e o indivíduo pode emergir com mais sabedoria, discernimento e compaixão pelos outros.

Saturno em trânsito pelo signo em que o Ascendente estava no mapa natal reflete um período em que o indivíduo precisa consolidar tudo pelo qual batalhou. Esta é uma época potencialmente gratificante, quando os frutos dos esforços passados para expressar a individualidade podem ser colhidos. Mas a chave para extrair o melhor deste trânsito é a disposição para definir a si mesmo – valores, necessidades, objetivos e expectativas com relação aos outros. Um processo profundo de amadurecimento está ocorrendo, e o indivíduo pode ser forçado a defender suas convicções e suportar o sentimento de solidão. A constatação da dependência e passividade passadas pode ajudar a desenvolver um senso maior de autossuficiência.

Urano em trânsito pelo signo em que o Sol estava no mapa natal reflete um período em que tudo o que a pessoa definiu como real e permanente em sua vida é posto em xeque. Identidade, valores e direção estão sujeitos a grande confusão e indignação, e o indivíduo pode se sentir como se todas as suas referências tivessem desvanecido. Esta é uma hora de grande oportunidade criativa, mas é importante não entrar em pânico nem tentar agarrar qualquer oportunidade na esperança de que isso acabe com a ansiedade. Quanto mais disposto estiver o indivíduo para abandonar antigos objetivos, atitudes, definições de si mesmo e até de pessoas que ficaram para trás, mais produtivo este período da vida provavelmente será para ele.

Urano em trânsito pelo signo em que a Lua estava no mapa natal reflete um período em que a necessidade de mudança na vida pessoal – seja esta necessidade admitida ou não – gera sentimentos de incerteza e preocupação. O indivíduo pode ser forçado a rever os relacionamentos em que a dependência emocional e a necessidade de segurança bloquearam a expressão e contribuíram para a sensação de que se foi tolhido ou tapeado. As mudanças no ambiente são possíveis, pois pode haver um forte impulso para se mudar para outro endereço, uma nova cidade ou até outro país. Este trânsito reflete um processo profundo de despertar emocional e, mesmo que ocorram separações dolorosas, é provável que elas sejam para melhor.

Urano em trânsito pelo signo em que Vênus estava no mapa natal reflete um período em que antigos valores no relacionamento passam por um profundo processo de mudança. As atitudes com relação ao amor, especialmente as herdadas do ambiente familiar, estão sujeitas a alterações repentinas, e um sentimento de incerteza pode causar tensão e ansiedade nas ligações de longa data. O indivíduo pode precisar devotar muito tempo à reavaliação e à reflexão antes de fazer mudanças, pois a sensação de confinamento pode levá-lo a cometer atos impulsivos dos quais se arrependerá depois. Mudanças ou separações causadas por outras pessoas podem refletir o desejo profundo, mas não reconhecido, por mais liberdade.

Urano em transição pelo signo em que o Ascendente estava no mapa natal reflete um período em que é provável a ocorrência de uma revolução na vida pessoal ou doméstica. Isso se deve a uma profunda necessidade de mudança no ambiente e à maneira pela qual o indivíduo se expressa, embora essa necessidade possa não ser reconhecida. O indivíduo pode ter uma forte sensação de que está preso a circunstâncias que antes pareciam satisfatórias, mas que agora parecem limitantes ou sufocantes. Ele pode ser forçado a enfrentar essas áreas da vida em que as necessidades e os valores interiores reais foram negados e a dar mais mobilidade e acesso a novas ideias e contatos sociais.

CONCLUSÃO

Todo indivíduo é um ser único e complexo. A maioria de nós, porém, só está preparada para reconhecer uma fração do que é. Reconhecemos as qualidades que nos agradam e agradam aos outros, e esconder ou reprimir o que tememos irá levar as outras pessoas a deixar de nos amar; ou nos identificamos com nossos piores traços de caráter e achamos que o resto do mundo teve mais sorte do que nós. Também temos, como espécie, uma notável propensão para presumir que os outros deveriam pensar, sentir e querer o mesmo que nós, e se eles têm a audácia de ser de opinião contrária deve ser porque estão desorientados ou são anormais, inferiores ou loucos. A história do sofrimento da humanidade é, em grande parte, a história da inconsciência humana, e da recusa em reconhecer a natureza complicada da psique ou a proporção em que projetamos nossos atributos não reconhecidos em outras pessoas, grupos sociais, raças e nações. A panaceia consagrada pelo tempo para todas as doenças pessoais e sociais sempre foi a descoberta de um bode expiatório – nos relacionamentos, na família e na sociedade. Mas esse remédio nos parece cada vez mais suspeito à medida que somos obrigados a encarar o mundo que nós mesmos criamos, não só coletivamente, mas como indivíduos.

A astrologia no seu nível mais profundo é uma intensa jornada de autodescoberta. Todo horóscopo é único – até mesmo os horóscopos de gêmeos idênticos, nascidos no mínimo com quatro minutos de diferença, mostram uma variante nos graus do Ascendente – e todos os fatores da carta natal fazem parte da natureza do indivíduo. Mas nem todos os fatores são reconhecidos ou vividos criativamente. As breves interpretações das combinações de planetas e signos apresentadas neste livro podem oferecer ao leitor um vislumbre das muitas facetas da personalidade. Algumas podem contradizer outras. Mas, se elas fazem parte da carta natal é porque fazem parte do indivíduo, e a nossa identificação com uma qualidade predileta não fará com que outra, menos conveniente, desapareça. Se a Lua está em Câncer e Vênus está em Aquário, o indivíduo pode viver um profundo conflito entre a necessidade de proximidade emocional e a ânsia por liberdade. Ignoramos essas contradições interiores por nossa própria conta e risco. Ambos os aspectos astrológicos citados refletem qualidades positivas e saudáveis. Mas se reconhecemos o primeiro e negamos o segundo, podemos inconscientemente sabotar o próprio relacionamento de que mais dependemos, porque não ousamos pedir a autonomia que queremos. E o que é pior: podemos ser até hostis com aqueles que são suficientemente honestos para expressar seu desejo de independência e condená-los – até os que nos são mais próximos –, pois eles expressam o que secretamente tememos em nós mesmos.

Utilizar a astrologia para ter uma visão mais objetiva da personalidade é um processo de cura notável. Encarar as contradições internas pode não ser tarefa fácil, visto que muitas não podem ser resolvidas, apenas trabalhadas por meio de um processo continuado de amadurecimento e crescente compaixão. No entanto, ao empreender essa tarefa, assumimos total responsabilidade pelo que somos e, ao mesmo tempo, deixamos que os outros sejam o que são – mesmo que sejam diferentes de nós. A vida pode ser difícil, mas também é gratificante. O conhecimento astrológico não afirma que nosso destino já está escrito nas estrelas, mas nos revela que temos muito mais recursos interiores do que imaginamos. Nenhum horóscopo pode indicar se um indivíduo vai passar da assertividade para a violência ou do egocentrismo para a megalomania. A carta natal de Mozart pode ter uma semelhança surpreendente com a de um professor de música comum. Fatores que vão além do alcance da astrologia – hereditariedade, ambiente, época histórica – interagem com o caráter individual para produzir resultados imprevisíveis. Mas podemos estar certos de que, se honrarmos essas energias vivas dentro de nós, que um dia foram vistas como a assinatura celeste da divindade, e lhe propiciarmos um lugar construtivo na nossa vida, teremos uma chance muito maior de realizarmos todo o nosso melhor potencial.

Leituras adicionais

Campbell, Joseph. *The Hero with a Thousand Faces*. Londres: Abacus, 1975. Edição revista. Princeton, NJ: Princeton, University Press, 1980. [*O Herói de Mil Faces*, Cultrix, São Paulo: 1989.]

Carter, Charles. *The Zodiac and the Soul*. 3ª ed. Londres: Theosophical Publishing House Ltd, 1960.

Graves, Robert. *The Greek Myths*. 2ª ed. 2 vols. Harmondsworth: Penguin Books Ltd., 1972.

Greene, Liz. *The Astrology of Fate*. York Beach, Me: Samuel Weiser, Inc., 1984; Londres: George Allen & Unwin Publishers Ltd, 1984.

_____. *Relating*. York Beach, Me: Samuel Weiser, Inc., 1978; Wellingborough, Grã-Bretanha: The Aquarian Press Ltd, 1990.

Rudhyar, Dane. *The Astrology of Personality*. Nova York: Doubleday, 1970.

Sasportas, Howard. *The Gods of Change*. Londres e Nova York: Arkana, 1989.

Tarnas, Richard. *Passion of the Western Mind*. Nova York: Harmony Books, 1991.

Créditos das ilustrações

Alinari/Mansell Collection: Museo Nuovo nel Palazzo dei Conservatori, Roma, Itália, 88; Museu do Vaticano, Roma, Itália, 34, 42, 68, 82. **Anderson/Mansell Collection:** Chiesa della Minerva, Roma, Itália, 92; Museu Capitolino, Roma, Itália, 26. **Berlin Mus.**, 38. **C. M. Dixon:** Museu Arqueológico, Florença, Itália, 92; Museu Arqueológico, Istambul, Turquia, 22; Papyrus of Anhai, British Mus., Londres, Inglaterra, 102; Museu Nacional, Atenas, Grécia, 106; Museu Arqueológico Nacional, Palermo, Itália, 74; Templo de Ramsés III, Medinat, Habu, Egito, 18; Banhos de Netuno, Ostia, Itália, 46; Theban Book of the Dead, British Mus., Londres, Inglaterra, 50; Templo de Amon Rá, Carnac, Egito, 60; Sousse Mus., Tunísia, 96; Roman Palace, Fishbourne, Sussex, Inglaterra, 110. **Fitzwilliam Mus., University of Cambridge,** 10. **Larousse:** Bibliothèque Nationale, Paris, França, 54. **Mansell Collection:** Olímpia, Grécia, 30. **Mary Evans:** Templo de Astarte, Pompeia, Itália, 78. **Museu do Vaticano,** 46.

PRÓXIMOS LANÇAMENTOS

Para receber informações sobre os lançamentos da
Editora Pensamento, basta cadastrar-se no site:
www.editorapensamento.com.br

Para enviar seus comentários sobre este livro,
visite o site
www.editorapensamento.com.br
ou mande um e-mail para
atendimento@editorapensamento.com.br